SCHOTTLAND

sehen & erleben

SCHOTTLAND

Fotografie Heinz Wohner
Text Hermann Schreiber

SCONTO

Inhalt

Schottland in Bildern. Die Aufnahmen der Inhaltsseiten zeigen im Uhrzeigersinn das Scott's Monument in Edinburgh, ein verfallenes, als Schafstall genutztes Haus am Loch More, die Brücke von Carrbridge und Kilchurn Castle an der Nordwestküste von Schottland.

Die Abbildung auf Seite eins zeigt einen Dudelsackpfeifer im Tal von Glencoe, auf Seite zwei ist Inverary Castle zu sehen.

Schottland – das Alaska Europas 13

Eine wechselvolle Vergangenheit 13
Im Nebel der Frühgeschichte 13
Kelten und Pikten 14
Der Hadrianswall 15
Missionierung durch irische Mönche 16
Der Aufstieg der Familie Stuart 17
Die Tragödie der Maria Stuart 18
Die Jakobitenaufstände 18
Aufbruch zu neuen Ufern 19
Die Befriedung der Highlands 20
Entwicklung im 20. Jahrhundert 20

Die Rivalität der großen Städte 21
Glasgow heute 21
Edinburgh 24
Edinburgh und das nationale Erbe 27
Sehenswürdigkeiten am Stadtrand 28

Festspiele in Schottland 29
Die Menschen 30
Die gälische Sprache 32

Die Bilder 33

Die Karte 120

Durch Lowlands und Highlands 121

Die Borders – das Grenzgebiet 121
Auf den Spuren der Römer 121
Durch die Cheviot Hills zum River Tweed 122
Die Straße der Klöster 123
Am Tweed entlang 124

Schottlands schlanke Taille 124
Das geistliche Zentrum: Saint Andrews 125
Die Industriestädte
Kirkcaldy und Dunfermline 125
Stirling und seine Umgebung 126

Unterwegs an der Südwestküste 126
Durch Burns' Country 127

Der Nordosten 127
»Fair City« Perth 128
Die Schlösser um Aberdeen 128
Aberdeen – »Oil Capital of Britain« 128
Die Schlösserstraße am River Dee 129
Die Whisky-Straße 130
Inverness, Hauptstadt des Hochlands 131
Geschichten um Loch Ness 131
Culloden Moor – eine Tragödie 132

Die Westlichen Highlands 132
Von Loch Sunart nach Norden 132
Das Reich der Schafe 133

Im hohen Norden 133
An der Ostküste 134

Die westlichen Inseln 135
Die alten Familien auf den Inseln 136
Skye 136
Mull 137
Die »Heilige Insel« Iona 137
Staffa 137
Die südlichen Inseln der
Inneren Hebriden 138
Die neue Bedeutung der Vogelinseln 138

Die Clyde-Mündung 139

Die nördlichen Inseln 139
Die Orkneys 139
Die Shetlands 140

Register 142

Impressum 143

Noch immer stellt die Schafzucht in den Highlands einen wichtigen wirtschaftlichen Faktor dar. Der unfruchtbare schottische Boden eignet sich kaum zur Haltung der anspruchsvolleren Rinder.

Vorhergehende Doppelseite: Von Hand aufgeschichtete Steinwälle dienen als Begrenzung der Weiden, auf denen neben Schafen auch die robusten Ponies gehalten werden. Hier bei Inchnadamph in Sutherland.

Das Reiterstandbild der »Royal Scots Greys«, einem berühmten schottischen Regiment, steht in Edinburgh an der Princes Street und schaut zur Royal Mile und zum Castle hinüber.

Der »Military Tattoo«, der Große Zapfenstreich, findet allabendlich im September während der Internationalen Festspiele für Musik, Schauspiel und Bildende Kunst statt. Die Vorführung auf der Esplanade vor dem Schloß gilt als wichtigstes folkloristisches Ereignis.

Schottland – das Alaska Europas

Stirling Castle aus dem 12. Jahrhundert, in früheren Zeiten eine wehrhafte Burg, war zwischen Schotten und Engländern immer wieder heiß umkämpft. Nicht weniger als vier Könige Schottlands fanden hier einen gewaltsamen Tod. Maria Stuart wurde in der Burg im Alter von nur neun Monaten zur Königin gekrönt.

»Hafer«, schreibt Doktor Johnson, dessen Einfluß auf die britische Literatur etwa mit dem Wirken Goethes in Deutschland zu vergleichen ist, in seinem großen Wörterbuch von 1755, »ist ein Korn, das in England im allgemeinen an Pferde verfüttert wird; in Schottland lebt davon das Volk.« Und als sich diesem Doktor Johnson sein späterer Biograph John Boswell vorstellte, tat er dies mit den Worten: »Ich kann's nicht ändern, Sir – ich komme aus Schottland.« Darauf antwortete der Gelehrte: »Daran können wohl die meisten Ihrer Landsleute nichts ändern.«

Die gemeinsame Reise der beiden nach Schottland und auf die Hebriden führte dann zu einem Reisebericht, der Schottland bekannt machte und das ferne Land der Moore und der geheimnisvollen Seen aus den Nebelschwaden ins Licht der europäischen Aufmerksamkeit holte.

Eine wechselvolle Vergangenheit

Der Zeitpunkt für dieses Buch war günstig: Ein Vierteljahrhundert nach der Schlacht von Culloden Moor (1746), wo die perfekt gedrillten hannoverschen Infanteristen des englischen Königs den Traum von einem selbständigen Schottland unter Bergen von Leichen halbnackter schottischer Hochländer begraben hatten, brach nun eine neue Generation englischer Intellektueller zur Entdeckung Schottlands auf. Man begann sich dafür zu interessieren, ob ein paar Familien jenseits des Hadrianswalls die Hungerzeit nach jener Niederlage überlebt hatten, als die Soldaten des hannoverschen Königshauses von Hof zu Hof gegangen waren, die Vorräte verbrannt und das Vieh weggetrieben hatten.

So fanden denn die subtilen Bosheiten, mit denen James Boswell sein »Tagebuch einer Reise nach den Hebriden« würzte, die Aufmerksamkeit, die man in England in jenem aufgeklärten Jahrhundert auch anderen, nicht so entwickelten Volksgruppen zu schenken bereit war. Und während die überlebenden Schotten sich aufmachten, in der weiten Welt des britischen Kolonialreiches neben den Engländern ihren Weg zu machen, setzte eine immer wieder Verblüffung hervorrufende Entdeckung jener Menschen ein, die ein karges und unwirtliches Land so hartnäckig verteidigt hatten, als handle es sich dabei um das Paradies.

Im Nebel der Frühgeschichte

Nach Studien und Grabungen, die heute weitgehend abgeschlossen sind, bergen die klimatisch am stärksten exponierten Gegenden Schottlands deutliche Spuren sehr alter Siedlungen und Kulturen: Auf der kleinen Insel Papa Westray, auf Mainland und auf anderen Eilanden der Orkney-Inseln öffneten Sturmfluten oder Grabungen den Zugang zu einer steinzeitlichen Kavernenkultur, die zwischen 3900 und 2500 v. Chr. viele zweckdienliche Lösungen für das Leben so nah am Meer gefunden hatte.

Um 2100 v. Chr. ließ eine von den Wogen in Bewegung versetzte riesige Düne eine Art schottisches Pompei entstehen, das unter dem Sand bewahrte Steinzeitdorf von Skara Brae auf der Orkney-Insel Mainland.

Die Unterscheidung und Datierung der vorchristlichen Kulturphasen ist auf den Britischen Inseln eine relativ junge Disziplin. Alles, was heidnisch war, wurde lange Zeit den Römern zugeschrieben, darunter sogar das großartige und rätselhafte Bauwerk von Stonehenge. Wir wissen heute, daß die Kammergräber und Kasemattenwohnungen auf verschiedenen nordschottischen Inseln einem unbekannten, vom Meer lebenden und zur See fahrenden Volk zuzuschreiben sind, während sich die kultischen Steinsetzungen als bronzezeitliche Kulturen klassifizieren lassen, wie dies auch weiter

Blick zur Royal Mile in Edinburgh, die im Zentrum der Altstadt verläuft und die Burg mit dem Schloß der schottischen Könige verbindet.

südlich der Fall ist. Zusammenhänge mit jener jungsteinzeitlichen Kultur, der auch Stonehenge, die ausgedehnten Steinsetzungen von Carnac in der Bretagne und andere Menhire zugeschrieben werden, sind trotz zahlreicher Veröffentlichungen zu diesem Thema weitgehend hypothetisch, die Bevölkerung hält oft noch hartnäckig an den oft amüsanten Legenden fest, die von den früheren Bewohnern – die seit Jahrhunderten mit diesen rätselhaften Steinen lebten – um sie gewoben wurden. So werden sie als tanzende Trolle gedeutet, die vom Morgengrauen überrascht und versteinert wurden.

Kelten und Pikten

So klein Europa auch ist, es gab kein Jahrhundert ohne größere Wanderbewegungen, und so weit auch Schottland vom Zentrum unseres Kontinents entfernt ist – es wurde von diesem zunächst dünnen, aber unablässig fließenden Strom der nach erträglicheren Lebensbedingungen suchenden Stämme und Völker schon um 800 v. Chr. mit einbezogen: Eisenzeitliche Völkerschaften kamen über das Meer bis nach Schottland und fanden hier 300 Jahre lang wenig Widerstand in einem halbleeren Land, bis etwa 500 v. Chr. die große Völkerfamilie der Kelten in das Geschehen eingriff, die aus Irland über eine kurze Strecke offenen Meeres auf die Hebriden und nach Westschottland einwanderten.

Zu diesen genialen Stämmen im keltischen Völkerkreis haben die Pikten offensichtlich nicht gehört, weswegen sie die neuere Forschung nicht mehr dem Keltenverband, ja nicht einmal der indogermanischen Völkerfamilie zurechnet und sie damit zu einem jener Völker gemacht hat, die wie die Basken die Phantasie der Historiker beschäftigen. Ihre Einwanderung aus Irland nach Schottland ist allerdings unbestreitbar, so daß die Pikten heute als Kernvolk der Ureinwohner gelten, mit dem sich die nach ihnen einwandernden Kelten denn auch jahrhundertelang Kämpfe lieferten.

Wir wüßten darüber vielleicht mehr, wäre nicht der Bericht eines griechischen Seefahrers namens Pytheas aus Marseille verlorengegangen, so daß er nur in Bruchstücken rekonstruiert werden konnte. Pytheas umsegelte Schottland, von Südwesten her kommend, zwischen 323 und 313 v. Chr. und hatte in einem nordostschottischen Hafen Kontakt mit der dortigen Bevölkerung. Man erklärte ihm bereitwillig den Weg nach Norwegen, woraus sich regelmäßige Handelsverbindungen über die

Nordsee hinweg ableiten lassen, und er kehrte über die norwegische Südwestküste, Helgoland und den Ärmelkanal dann in die Girondemündung zurück, von der aus er aufgebrochen war. Bald nach dieser Reise, um 250 v. Chr., setzte die ein halbes Jahrtausend währende Phase der *brochs* ein, jener mörtellos aufgeschichteten Steinhäuser, die nicht nur auf den Shetland- und Orkneyinseln erhalten sind, sondern auch in Apulien und in der Provence. Sie stehen auf den Inseln Rousay und Mainland so nahe am Meer, daß dieses wohl den Bewohnern der Brochs den Lebensunterhalt lieferte.

Der Hadrianswall

Wenn Pikten und Iro-Kelten, später auch Scoten genannt, sich nicht in den Haaren lagen oder sich gar verbündet hatten, brachen sie zu Raubzügen in den Süden, ins heutige Northumbria, auf, und diese Gewohnheit behielten sie auch bei, als die Römer im zweiten Anlauf – nach 43 n. Chr. – England erobert hatten.

In den Jahren zwischen 77 und 84 war der tüchtige Feldherr Gnaeus Julius Agricola (40–93 n. Chr.) Statthalter des römischen Britannien. Im Jahr seines Aufbruchs über

Edinburgh Castle ist die weitaus bekannteste Burg des Landes. Etwa eine Million Besucher besteigen jedes Jahr den Vulkanfelsen, der schon in der Eisenzeit besiedelt war.

den Kanal hatte er etwas für seines Nachruhm Entscheidendes getan – er hatte seine Tochter einem großen Historiker zur Frau gegeben, und das Buch »Agricola« des Cornelius Tacitus ist unsere erste umfangreichere Quelle über Schottland. Wir erfahren von den römischen Vorstößen nach Norden, vom Bau der Befestigungen gegen die Pikten, von der Flottenfahrt rund um Schottland, um die Küste aufzuzeichnen, und von dem römischen Sieg über die Vereinigung der Hochlandstämme um das Jahr 84 am Mons Graupius, der wahrscheinlich im östlichen Schottland zu suchen ist.

Mit der ihnen eigenen Zähigkeit bemühten sich die Römer zwar weiter um Schottland, vermochten es aber nicht zu erobern – es gelang ja selbst den zahlen- und waffenmäßig hoch überlegenen Engländern erst nach zahllosen Versuchen im 18. Jahrhundert. Das kriegerische, bettelarme und stets todesmutig kämpfende Volk im Norden der blühenden römischen Kolonie Britannia war eine so ernsthafte Bedrohung, daß die Römer unter gewaltigen Anstrengungen zwei große Abwehrbauten errichteten, 121 den Hadrianswall, genannt nach dem vielgereisten Kaiser (117–139 n. Chr.), und weiter nördlich, zwischen 142 und 145, den Wall des Antoninus Pius an der schmalsten Stelle der Insel. Aus der Lage der Bauwerke geht hervor, daß die Römer trotz aller Kämpfe Küsten, Buchten und Landengen der komplizierten Gestalt Schottlands inzwischen genau kennengelernt und kartographisch verläßlich aufgezeichnet hatten.

Zwar kann man keinem Volk vorwerfen, daß es sich gegen Eindringlinge wehrt, und die Römer waren schließlich keine bequemen Kolonialherren, aber Beispiele aus Mittel-, Südengland und der Bretagne zeigen doch, daß die von Rom eroberten Länder in ihrer Entwicklung entscheidend gefördert wurden. Keine Gegend war zu schwierig für den Straßenbau der Legionäre, kein Küstenstrich zu unwirtlich für die Anlage eines Hafens. Zu all dem kam es in Schottland nicht, und da Europa bis um 1400 nicht viel mehr wußte als das, was die römischen Geographen und Historiker aufgeschrieben hatten, wurde das selbst den Legionären unzugängliche Land der Pikten und Scoten nördlich des Hadrianswalls für das europäische Bewußtsein eine klimatisch rauhe Zone halbwilder Völker, die nackt in den Kampf gingen, sich die Gesichter bemalten und keine Fremden unter sich duldeten.

Die schottischen Friedhöfe sind im Gegensatz zu unseren meist ohne Blumenschmuck, ganz in der Tradition des puritanischen Glaubens. Hier: Canisbay Church in Caithness.

Missionierung durch irische Mönche

Bei dieser Haltung wäre es zweifellos noch lange geblieben, hätte sich nicht eine Gruppe Menschen aufgemacht, die sich von heidnischer Wildheit nicht abschrecken ließ, sondern offensichtlich von ihr angezogen wurde. Die keltischen Missionare schwärmten von der grünen Insel Irland buchstäblich in alle Himmelsrichtungen aus: nach Frankreich, an den Hof der Mero-

John O'Groats heißt der winzige Hafen zu den Orkney-Inseln. Die Siedlung wurde nach dem Holländer de Groot benannt, der hier bereits im 16. Jahrhundert einen Fährdienst einrichtete.

winger, nach Norddeutschland, nach Island und unter der Fahne des heiligen Brendan angeblich sogar nach Amerika.
Das wilde Schottland, gleichsam vor der Tür gelegen, konnte diesem missionarischen Eifer nicht entgehen, und so kam es auf den Hebriden und im südwestlichen Schottland zu Begegnungen zwischen den christlichen Iren und jenen Kleinkönigen, die sich in blutigen Schlachten gegen Nachbarn und skandinavische Invasoren Miniaturreiche mit wohlklingenden Namen zu sichern suchten: Dal Riada, Kintyre, Argyll und viele andere mehr.
Der heilige Columba begründete 563 die Klostersiedlungen auf der Insel Iona und auf Hinba; der heilige Ninian, um 350 in der Grenzlandschaft zwischen Schottland und England geboren, baute auf der Insel Whithorn das älteste steinerne Gotteshaus Schottlands: Es war ein Anfang, dessen Bedeutung nicht primär im Religiösen liegt. Ungleich wichtiger war, daß mit diesem Klerikerstrom aus Irland die geistige Kultur dieser Kelteninsel importiert wurde, auf der sich, ähnlich wie in Cornwall, Dichtung und Sagen erstaunlich reich entwickelt hatten. Nach und nach flossen über die ersten Klosterschulen Erzähl- und Liedgut aus diesem reichen Schatz keltischer Poesie nach Schottland und wirkten weiter bis zu den großen schottischen Dichtern und Schriftstellern des 19. Jahrhunderts.
Die Kleinkönige und ihr Gefolge waren die ersten, die in den Genuß dieser Bildung kamen, gerade rechtzeitig vor den ersten Raubzügen der Wikinger, die mit der Plünderung des Klosters Lindisfarne im Jahr 793 begannen. Bald darauf einigte Kenneth Mac Alpine, König von Dal Riada, nach Siegen über die Wikinger und die Pikten zum ersten Mal Schottland und bereitete den Boden für tüchtige Nachfolger, von denen uns nur noch König Macbeth gegenwärtig ist, der 1057 starb und durch Shakespeare unsterblich wurde. Große Herrscher dieser Epoche sind König David, während dessen fast dreißigjähriger, bis 1153 dauernder Regierungszeit zumeist Frieden herrschte, und Robert the Bruce (1274–1329), der durch seinen Sieg über die Engländer 1314 zum volkstümlichsten und berühmtesten schottischen Helden wurde.

Der Aufstieg der Familie Stuart

Im Jahr 1371 begann die Herrschaft einer Familie, die generationenlang im Schatten dieser großen Krieger auf ihre Stunde gewartet hatte, des Hauses Stewart, später französiert Stuart geschrieben. Es wurde eine der großen Dynastien der europäischen Geschichte, und die Hinrichtung der Maria Stuart 1587 auf Schloß Fotheringhay fand starken Widerhall in ganz Europa und auch bei seinen Literaten, von Robert Burns, William Wordsworth, Friedrich Schiller und Theodor Fontane bis hin zu Stefan Zweig.
Maria Stuart und ihre französische Mutter,

5000 Jahre alt ist die steinzeitliche Siedlung Skara Brae auf der Insel Mainland (links und rechts oben). Die dicken Mauern der Festung Dun Carloway auf der Insel Lewis stammen aus der Eisenzeit (unten).

die für sie die Regentschaft innehatte, regierten in einer schweren Zeit: Mit den Lehren Luthers und Calvins hatte sich ein Riß aufgetan, der nicht nur quer durch Europa ging, sondern auch mitten durch einzelne Länder. Schon unter ihren Vorgängern hatte es Ketzerverbrennungen gegeben, für die ein königlicher Berater, der Erzbischof David Beaton, die Hauptschuld trug.

Der Religionskonflikt gipfelte in der Ermordung dieses inzwischen zum Kardinal aufgestiegenen Beaton. Seine Mörder wurden zur Strafe auf Galeeren geschickt. Unter den Verurteilten war auch John Knox, den diese Strafe in seinem Haß gegen die römische Kirche genauso stärkte wie in seinem Eifer für die Reform des Johannes Calvin.

Die Tragödie der Maria Stuart

1561 hielt Maria Stuart, jung verwitwet nach dem Tod von Franz I. aus Frankreich zurückgekehrt, in Schottland Einzug. Sie kam in ein freudloses Land, in dem Knox alle weltlichen Lieder genauso verboten hatte wie Theaterspiel und Tanz.

1565 heiratete sie ihren Vetter, Henry Stuart Lord Darnley, und machte ihn in Edinburgh zum König. Die Ehe scheiterte jedoch kurz nach der Hochzeit, und Darnley erlag einer Intrige, die ihn das Leben kostete. Als Maria Stuart kurz darauf den Hauptverdächtigen in diesem Komplott gegen ihren Mann heiratete, brachte das den schottischen Adel gegen sie auf. Sie wurde zur Abdankung zugunsten ihres Sohnes Jakob gezwungen und flüchtete schließlich nach England zu ihrer Kusine, Elisabeth I.

Der Streit der beiden Königinnen, Maria Stuart und Elisabeth I., ist bis heute unvergessen, und er hatte bizarre Folgen: Als Elisabeth I. im Jahr 1603 ohne Nachkommen die Augen schloß, bestieg Marias Sohn, Jakob VI. von Schottland, als Jakob I. auch den englischen Thron.

Dieser König zählt zu den originellsten Monarchen auf dem britischen Thron, gebildet, kunstsinnig, aber auch abergläubisch und neuerungssüchtig.

Die äußere Erscheinung von Jakob, die Säbelbeine sowie die von seinem offiziellen Vater Darnley deutlich abweichenden Gesichtszüge, haben seine Zeitgenossen zu der Überzeugung gebracht, er sei aus der Liaison der unglücklichen Königin mit dem Dichter und Sänger Rizzio hervorgegangen; Beweise gibt es dafür freilich nicht.

Einer der Nachfolger Jakobs, der zweite englische König seines Namens, machte den Fehler, den Katholizismus wieder einführen zu wollen. Er wurde 1689 abgesetzt und floh nach Frankreich, sein Schwiegersohn, Wilhelm von Oranien, und seine protestantische Tochter Mary trugen nun die schottische und die englische Krone.

Die Jakobitenaufstände

Dem Stuart-Geschlecht folgte das Haus Hannover auf den britischen Thron, und in der Folgezeit kam es mehrmals zu Aufständen der Schotten, die die Restauration einer katholischen Stuart-Monarchie zum Ziel hatten. Der erste – mißlungene – Versuch einer Invasion wurde vom Sohn des exilierten Jakob II. unternommen.

1744 versuchte es sein ältester Sohn, Charles Edward, ein zweites Mal. Dem »Young Pretender«, auch Bonnie Prince Charlie genannt, gelang es durch sein Charisma und seine Energie, die Clans unter sich zu vereinigen. Er trug mit seinen Highländern den Krieg bis ins englische Derby hinein, mußte sich dann aber zurückziehen, weil die alten schottischen Clanshäupter, die ihn begleiteten, zu sehr an den Rückweg und seine Gefahren dachten. Es folgte das Desaster von Culloden Moor, wo 1746 die Highländer eine vernichtende Niederlage erlitten. Charles Edward konnte nach Frankreich entfliehen, die Überlebenden der Schlacht wurden niedergemetzelt. Ihre Häuser wurden geplündert, das Vieh weggetrieben; der Besitz von Waffen wurde unter Strafe gestellt, ebenso das Tragen des Kilt und des Plaid; sogar der Dudelsack wurde als »Instrument of War« verboten. So endete schließlich der schöne schottische Traum – unabhängig zu sein unter einem König aus dem schottischen Haus Stuart.

Aufbruch zu neuen Ufern

Wer nicht im Moor gestorben und in den darauf folgenden Repressalienjahren verhungert war, suchte sein Glück jenseits der Meere, nicht nur als Seefahrer und Soldat, sondern auch als Kaufmann und Kolonisator. Die größten Erfolge erzielten die Schotten dabei in Gebieten, die Großbritannien erst seit kurzem hinzugewonnen hatte – in Australien, wo sie Schafe züchten konnten wie zu Hause, und in Kanada, dessen östlicher Inselsaum um ein langes Eiland mit dem Namen Neu-Schottland gruppiert ist.
In Europa waren die Schotten als Neuankömmlinge im Ostseeraum präsent, wo sie sich vor allem in den Ostseestädten niederließen. Am bekanntesten wurde die schottische Kolonie in Königsberg, mit deren Bewohnern der Philosoph Immanuel Kant bestens vertraut war.
Doch auch in geistesgeschichtlicher Hinsicht wurde Schottland aktiv. Mit dem Edinburgher Philosophen und Historiker David Hume (1711–1776) und seinen langen Aufenthalten in Frankreich nahmen die schottischen Intellektuellen wieder Verbindung zu dem Land auf, das ihre Unabhängigkeitsbewegung gefördert hatte. Seine »Geschichte der Britischen Inseln« zeigt durch seine Unparteilichkeit, daß man in Edinburgh stark genug war, über die Vergangenheit hinwegzusehen. Große Dichter wie Robert Burns (1759–1796), erfolgreiche Romanciers wie Walter Scott (1771–1832) riefen in der gebildeten Welt eine Schottland-Begeisterung hervor, so daß sie sogar James Macpherson und seinen Fälschungen, die er dem halb sagenhaften gälischen Dichter Ossian untergeschoben hatte, aufsaß. Neben dem bisher dominierenden Frankreich tritt auch der deutschsprachige Raum als Einflußsphäre auf, so schreibt Thomas Carlyle eine Biographie Friedrich Schillers, übersetzt Goethes »Wilhelm Meister« und verfaßt schließlich eine Biographie von Friedrich dem Großen.
Auf musikalischem Gebiet durchbrachen Felix Mendelssohn-Bartholdys Schottische Symphonie, seine Hebriden-Ouvertüre und die Erfolgsoper »Lucia di Lammermoor«, nach einer Novelle von Walter Scott von Donizetti komponiert, die kulturelle Isolierung Schottlands.
Edinburgh wurde das geistige Zentrum des Landes und der vielen Philosophen und Wissenschaftler; ihrer herausragenden klassizistischen Architektur verdankt die Stadt

Der Hadrianswall zwischen Carlisle und Newcastle wurde von den Römern errichtet, um sich vor den Attacken der nördlich des Walls lebenden »Barbaren« zu schützen (unten).

den Ruf eines »Athens des Nordens«. Neben der Universität Edinburgh rückte die von Glasgow in den Blick des Interesses, als dort der Nationalökonom Adam Smith sein auf sehenerregendes Werk »Untersuchung über die Natur und die Ursachen des Wohlstands der Nationen« veröffentlichte.

Die Befriedung der Highlands

Unabhängigkeitsbestrebungen der amerikanischen Kolonien und irische Aufstände verlangten Truppeneinsätze großen Stils, so daß die verhaßten Soldaten aus Schottland abgezogen wurden und das Land zu einem normaleren Leben zurückkehren konnte. Der Kontakt mit England brachte zum Beispiel durch die Einführung neuer Anbaumethoden in der Landwirtschaft höhere und verbesserte Erträge.

Die Enttäuschung über die Ohnmacht der Clanoberhäupter, die nach ihrer Niederlage oft enteignet und abgesetzt worden waren und so nicht mehr für ihre Clansangehörigen sorgen konnten, führte zu einem neuen Selbstbewußtsein der Schotten, die bis dahin ihrem Grundherrn blind vertraut und in einem patriarchalischen Verhältnis zu ihm gestanden hatten. Die aus diesem Gemeinschaftsverband herausgelösten und quasi arbeitslosen Menschen versuchten oft ihr Glück in den Kolonien.

Die britische Regierung fuhr mit ihren Maßnahmen zur Befriedung der Highlands fort. Dazu gehörte es, Straßen zu bauen, um das unbotmäßige Schottland bis in den letzten Winkel besetzen zu können und strategische Stützpunkte wie Fort William, Fort Augustus und Fort George zu verbinden. Der irische Offizier George Wade war die treibende Kraft dieser Unternehmungen. Dank ihm wurden die Highlands mit den Lowlands verbunden, das Land wuchs zusammen, Bildung und Fortschritt hatten die Möglichkeit sich zu verbreiten.

Mit Georg III. begann innerhalb der königlichen Familie ein Wandel in der Einstellung zu Schottland einzutreten, der unter Queen Victoria dazu führte, daß zeitweise von Balmoral Castle in Schottland aus, das noch heute der Sommersitz der königlichen Familie ist, das Königreich regiert wurde.

Entwicklung im 20. Jahrhundert

Unterdessen entstand in den Städten eine riesige Schiffbauindustrie, die erst nach dem Ersten Weltkrieg und in der Weltwirtschaftskrise Ende der zwanziger Jahre zum Erliegen kam. Die Arbeitslosenrate Schottlands stieg zwischen den beiden Weltkriegen in erstaunlichem Tempo. Zwar wurden nach dem Zweiten Weltkrieg neue Industriezweige aufgebaut, doch erst heute zeigen diese Anstrengungen Wirkung.

Auch in politischer Hinsicht tat sich einiges in dieser Zeit: 1927 wurde die Scottish National Party gegründet, die sich die Home Rule, die Selbstregierung, zum Ziel setzte.

Die Ruine von Slains Castle soll den Schriftsteller Bram Stoker zu seiner weltberühmten Erzählung »Dracula« inspiriert haben (oben).
Das im Mittelalter erbaute Hermitage Castle ist noch heute ein beliebter Drehort für Maria-Stuart- und Macbeth-Filme (unten).

Boddam ist der östlichste Punkt Schottlands im hohen Norden (oben). Caerlaverock Castle, eine mittelalterliche Wasserburg im Südwesten Schottlands, beeindruckt durch ihren originellen dreieckigen Grundriß (unten).

Diese Partei errang nach dem Zweiten Weltkrieg bei etwa fünf Millionen Wahlberechtigten zwei Millionen Stimmen, ein kaum zu überbietendes Resultat.
Auch in der jüngsten Zeit hat die SNP wieder verstärkt Zulauf erhalten. Grund dafür war die Einführung einer Polltax, einer kommunalen Kopfsteuer, die die Schotten nicht zu zahlen bereit waren. 1990 demonstrierten daraufhin über 40000 Schotten für ihre Unabhängigkeit, und selbst »The Sun«, eine vielgelesene Tageszeitung, tritt in ihrer schottischen Ausgabe für eine gewisse Unabhängigkeit ein.
Grund für das neue Selbstbewußtsein der Schotten ist auch ihr Wissen um den neuen Reichtum des Landes: Rund um die schottische Küste quillt das schwarze Gold in großen Mengen aus den Bohrtürmen der Nordsee und legt den genau rechnenden Schotten die Frage nahe, warum sie denn eigentlich diesen unerwarteten und hochwillkommenen Reichtum mit dem ungeliebten England teilen sollen.

Die Rivalität der großen Städte

Die Rivalität zwischen Edinburgh, der alten Königsstadt, und Glasgow, der lebhaften Handels- und Industriemetropole, setzte mit der einer Weltausstellung vergleichbaren Industrial Exhibition von 1865 ein. Damals hatte Glasgow eine halbe Million, Edinburgh nur knapp 200000 Einwohner.
Der Dampferverkehr über den Atlantik hatte in der Stadt im Westen einen Hafen gefunden, der leichter anzulaufen war als die westenglischen Häfen, vor denen Irland und die unruhige Irische See lagen, und die weiter nördliche Lage Glasgows spielte angesichts des schnell gewachsenen Eisenbahnnetzes auf der Insel keine Rolle mehr. Damit fanden Tabak und andere Waren aus den Kolonien ihren Weg nach Großbritannien oft über Glasgow. Und da die Schiffe Rückfrachten brauchten, wurden die Erzeugnisse aus den schottischen Textilmanufakturen, aber auch Importprodukte vom Kontinent von Glasgow aus in die Neue Welt verschifft.
In einem der neuen, umgangssprachlichen Reiseführer kann man über Glasgow lesen: »Ideal, um nach strapaziösen Highlandtouren den Rest der Reisekasse zu verpulvern, bevor's nach Hause geht.«

Glasgow heute

Vor 15 Jahren nannte ein bekannter Touristikjournalist Glasgow eine abgerissene Schönheit, die nicht den Lachs, sondern die Planierraupe im Wappen führen sollte. Dieser Ausspruch ist auch heute noch nicht zu widerlegen, weil sich eine Stadt, die aus allen Nähten platzt und auf die Millionengrenze an Einwohnern zustrebt, nicht wie ein Museum bewahren läßt. Auch hatte Glasgow durch die betriebsame Enge zwischen Hügeln und River Clyde das Unglück, von so zahlreichen Großbränden wie

People's Palace heißt der Wintergarten mitten in Glasgow (oben). Das Stadtwappen von Glasgow mit den Lachsen (links und rechts unten).

kaum eine andere Stadt betroffen zu sein. In der malerischen alten Buchanan Street, einer Geschäftsstraße im Herzen der Stadt, brannte es besonders häufig, und Theaterbrände waren so sehr an der Tagesordnung, daß bei einem falschem Feueralarm im Jahr 1848 von der in Panik geratenen Menge 70 Personen totgetrampelt wurden.

In Meyers Lexikon von 1908 heißt es über Glasgow: »Bei der ungemein zahlreichen Arbeiterbevölkerung ist die Sterblichkeit im Verhältnis zu anderen Städten des Königreichs ziemlich hoch.« So war es zur Jahrhundertwende: Wenn du arm bist, mußt du früh sterben, und wenn du Stahlarbeiter bist, noch früher. Die Schwerindustrie auf der Basis von Kohlefeuerung befindet sich seit Jahren, seit der weltweiten Stahlkrise, im Umbruch, so daß auch die sprichwörtlich häßlichen und mit 1750 Menschen auf einem Quadratkilometer äußerst ungesunden Industrieslums seit Jahren saniert und durch moderne Wohnanlagen ersetzt wurden, die allerdings angesichts der hohen Arbeitslosigkeit nicht die Pflege erhalten, die sie zur Erhaltung der Wohnqualität brauchen würden.

Da inzwischen die Originalität der alten Industriearchitektur entdeckt wurde, stehen in Glasgow ähnlich wie in den Pariser Passagen Tausende von Fassaden unter Denkmalschutz, und seit dem einzigartigen Verschönerungsfeldzug, den die Stadt 1983 selbst finanzierte, präsentieren sich auch die seit Jahrhunderten von Ruß geschwärzten Häuser wieder im ursprünglichen rötlichen Ton des Natursandsteins. Nicht gelöst ist das Problem der Arbeitersiedlungen, wo man – ähnlich wie bei uns – inzwischen erkannt hat, daß Hochhäuser nicht die Lösung des Wohnungsproblems sind. Außerhalb der Smogglocke an den Hügeln zu bauen, wäre das Gegebene, aber die schönsten Hügel im Nordwesten sind schon von reichen Villenbesitzern beansprucht, und in anderen Gegenden fehlt es an Verkehrsverbindungen, so daß das Erreichen des Arbeitsplatzes zum Problem wird.

Für Touristen ist Glasgow inzwischen zu einer angenehmen Stadt geworden. Touristeninformationszentrum, Buchanan Street und Kathedrale liegen eng beieinander, nur Art Gallery und Kelvingrove Museum, das derzeit wegen seiner Sauriernachbildungen einen Boom erlebt, liegen am Kelvingrove Park am westlichen Stadtrand.

Mehr im Zentrum liegt die Hunterian Art Gallery in der University Avenue, wo man neben Bildern von Rubens, Rembrandt und Dürer jene schottischen Maler zeigt, die man anderswo nicht zu sehen bekommt. Hier kann man auch sehen, wie Charles Rennie Mackintosh (1868–1928) gelebt hat, ehe Alkohol und Verzweiflung diesen genialen Jugendstildesigner ins Grab brachten. Er ist bis heute der in Glasgow meistgenannte Mann, einmal, weil er aus der 1742 eingeführten Technik der Stoffdruckmuster (Calico printing) eine interessante Spielart des Kunsthandwerks machte und andererseits, weil er Möbel auf die Gesamtwirkung des Raumes hin entwarf, aber auch Spiegel, Uhren und Modeschmuck. Seine einzige Kirche, die er nach zahllosen Geschäftshausfassaden und der School of Art baute, heißt Queen's Cross Church und wäre beinahe abgebrochen worden, weil sie inmitten des ausgedehnten Sanierungsgebiets von Maryhill liegt. Seine berühmten Teestuben, wo man aus Tassen mit Jugendstildekor Tee trinken konnte, sind heute leider zum größten Teil wegsaniert, nur im Willow Tearoom in der Sauchiehall Street 217 kann man noch die angenehme Jugendstilatmosphäre genießen.

Da sich der Reichtum bei den schottischen Händlern und Reedern relativ spät einstellte, mußten sie sich bei ihren Erwerbungen weitgehend auf das 19. Jahrhundert beschränken. Die Reeder Sir William Burrell und Sir William Sterling Maxwell brachten es zu Sammlungen, deren Umfang es recht schwierig macht, sie im entsprechenden Rahmen zu präsentieren. Beide befinden sich heute im Pollok Park.

Man staunt beinahe, wenn man in Glasgow auch klassische Sehenswürdigkeiten, wie eine Kathedrale und einen alten Friedhof, entdeckt. 1136 wurde der erste, noch hölzerne Kathedralenbau unter Bischof John Achaius begonnen, der später allerdings abbrannte. Die heutige Kathedrale wird im Volksmund Saint Mungo's genannt, das ist der populäre Name für den heiligen Kentigern, der Sohn einer heidnischen Prinzessin und Enkel des Piktenkönigs Loth. Wahrscheinlich wurde er 527 geboren und 573 auf den Bischofsstuhl von Glasgow berufen. Bald darauf traf er den heiligen Columba, als dieser seine missionarischen Bemühungen von der Insel Iona auf das Gebiet entlang des River Tay ausdehnte. Entsprechend diesen schwierigen Anfängen in einem damals noch sehr armen Land ist Saint Mungo's mit einer Länge von nicht einmal 90 Metern eine vergleichsweise kleine Kathedrale. Der Chor, der hier High Church genannt wird, und auch die Unterkirche begründen ihren Ruf als schönstes Beispiel gotischer Baukunst in Schottland.

Über das weitere Schicksal von Bischofssitz und Kirche tappen wir weitgehend im Dunkeln, denn 1560 floh James Beaton, der letzte katholische Bischof von Glasgow, mit dem gesamten Kirchenschatz vor den Reformatoren nach Frankreich. Darin war auch das Rote Buch, das alle Ereignisse seit den Zeiten Robert III. (gestorben 1406) verzeichnete, enthalten. Diese Unterlagen waren noch bis zum Ausbruch der Französischen Revolution vorhanden, sind aber seitdem spurlos verschwunden.

Zwischen Kathedrale und Firpark Street liegt der alte Friedhof, eine beinahe prunkvoll zu nennende Totenstadt, wie man sie im Kern von Millionenstädten kaum noch findet. Sie ist aus verschiedenen, keineswegs religiösen Gründen sehr sehenswert,

Der Botanische Garten im Kibble Palace von Glasgow beherbergt eine umfangreiche Sammlung tropischer Pflanzen (oben).

Das Robert-Burns-Monument in Alloway, ein kleiner Tempel im griechischen Stil, bewahrt in seinem Innern Dokumente, die mit dem Leben des schottischen Nationaldichters in Beziehung stehen.

denn sie spiegelt mit ihren mitunter bizarren und exotischen, prunkvollen, aber nicht immer geschmackvollen Grabmälern und Mausoleen Wohlstand und Lebensgefühl der Gesellschaft dieser Stadt wider. In diesem Sinn ist die Nekropolis der interessanteste der 52 Parks, deren sich die Stadt Glasgow rühmt, wenn auch längst nicht so ausgedehnt und erholsam wie Glasgow Green am Ufer des River Clyde, wo die Bürger der Stadt am liebsten flanieren.
Als der scharfblickende Theodor Fontane Schottland bereiste, stellte er mit Bedauern fest, daß Glasgow die Highlands entvölkere, und tatsächlich ist diese Stadt, die während der industriellen Entwicklung gute Verdienstmöglichkeiten und Arbeitsplätze bot, zwischen 1801 und 1960 von 77000 Einwohnern auf mehr als eine Million angewachsen. Die Lebensbedingungen der Arbeiterschaft, die in England auch nur wenig besser waren, schreckten die harte Bevölkerung aus den Highlands nicht ab, und das Geld, das man in die Hand bekam, wäre in den verlassenen Nestern der Western Highlands kaum zu verdienen gewesen. Aus Irland gingen die Menschen in Strömen nach Nordamerika, wer aus dem ländlichen Schottland stammte, ließ sich bevorzugt in den Städten an der Westküste nieder.
Heute scheint diese Bewegung zu stagnieren, ja rückläufig zu werden. Die Arbeitsplätze in der Stadt sind rar geworden, Motorisierung und bessere Infrastruktur haben Glasgow und die Highlands enger verbunden, als dies noch vor etwa einem Menschenalter vorstellbar war.

Edinburgh

Von Glasgow Central Station fahren die Züge im Halbstundentakt nach Edinburgh. Es ist in einer Stunde Fahrtdauer erreichbar, beide Städte liegen aber an unterschiedlichen Meeren, die mit Flüssen und tiefen Buchten nacheinander greifen.
Edinburgh thront auf hohen Hügeln vulkanischen Ursprungs, die schon seit Urzeiten von einer wehrhaften Bevölkerung besiedelt sind. Der Castle Rock mit seinen für die Verteidigung so günstigen Steilabfällen nach drei Himmelsrichtungen ist zusammen mit der darauf befindlichen mittelalterlichen Burg und der aus dem 11. Jahrhundert stammenden normannischen St. Margaret's Chapel das Wahrzeichen der Stadt. Die auf diesem Basaltklotz gegründete sächsische Zwingburg, die 638 durch Edwin von Northumbrien erobert wurde, ergab als Edwin's Burgh den Namen der Stadt.
Crow Hill, Blackford Hill und die Craiglockhart Hills umgeben die Stadt zur Landseite hin wie natürliche Grenzen, Arthur's Seat überragt sie alle und bietet bei klarem Wetter einen bis weit ins Hinterland und auf die See hinausreichenden Rundblick über die ihm zu Füßen liegenden Gärten und Parks zwischen Stadt und Firth of Forth.

Das in Meeresnähe rasch wechselnde Wetter, die Wolkenbildungen, die Nebelbänke und die meist nachmittags unversehens durchbrechende Sonne beleben dieses Bild und bieten ein Naturschauspiel, dem zuzuschauen man nie müde wird.

Hügel geben zu Legenden Anstoß, denn während zu ihren Füßen alles im Fluß ist, liegen sie unbeweglich und stumm vor den Augen der Menschen. Zunächst waren es die als flache Kegel aus der Ebene aufsteigenden Eildon Hills bei Melrose, mit denen sich die Phantasie – unter anderem die Walter Scotts – beschäftigte. Heute wird der allgegenwärtige König Arthur, der bei uns Artus genannt wird, unter Arthur's Seat angesiedelt, wo er, wie Friedrich Barbarossa im Kyffhäuser, auf seine Stunde wartet. Der Keltenfürst, den man sonst eher in Cornwall vermutet, hätte hier in Edinburgh schon wiederholt Gelegenheit gehabt, seinem Volk zu Hilfe zu kommen: 1530, als fast die ganze Stadt niederbrannte, 1544, als bei der Einnahme durch die Engländer zugrundeging, was der Brand verschont hatte, und 1650, als Cromwell mit der ihm eigenen Brutalität die Stadt eroberte und im Dezember auch die bis zu dieser Zeit als uneinnehmbar geltende Burg.

Das Christentum hat schon relativ früh seinen Einzug in Edinburgh gehalten. Eine Saint Giles geweihte Kirche soll es bereits im 9. Jahrhundert gegeben haben, als eigentlicher Gründer des in späteren Katastrophen untergegangenen Edinburgh gilt allerdings der von 1107 bis 1153 regierende König David I.

1128 entstand Holyrood Abbey, ein Augustinerkloster, von dem der heilige Eifer der Reformatoren nur das Hauptschiff übriggelassen hat. Die Ruine hatte früher, grün bewachsen und freistehend, mehr Reiz als heute in der unmittelbaren Nähe zu Holyrood House. Das Stadtschloß hat das alte Kloster auch aus der Phantasie der Besucher verdrängt, denn in dem Prunkbau von 1529 wird gezeigt, was dank Friedrich Schiller und Stefan Zweig noch in allgemeiner Erinnerung ist: die Wohnung der Königin Maria Stuart, die aus dem liebenswürdigen Frankreich der Loireschlösser nach dem Tod ihres Gemahls ins rauhe Schottland verpflanzt wurde, in einen leeren Palast. Hier heiratete sie ihren Vetter, Lord Darnley, hier wurde auch ihr Sekretär und engster Vertrauter, David Rizzio, 1566 vor ihren Augen bestialisch ermordet.

Holyrood House, wie sich der Palast mit Understatement nennt, bildet das eine Ende der sogenannten königlichen Meile, als anderes wird das hoch gelegene Schloß bezeichnet. Die Strecke dazwischen führt verschiedene Namen, durch die man sich nicht verwirren lassen sollte: Abbey Strand, Canongate, High Street, Lawnmarket, wo Bauern und fahrende Händler ihre Waren anbieten konnten, und schließlich Castlehill, der Anstieg zum Burghügel.

Die Royal Mile ist die Hauptader des alten Edinburgh, das heißt jener Stadtteile, die nach den verheerenden Bränden im 17. Jahrhundert neu erbaut und seitdem nicht mehr zerstört wurden. Eines der Häuser, die Brände, Eroberungen und Cromwell überdauerten, wird als John Knox House bezeichnet. Es liegt an einer Verengung der High Street und ist ganz offensichtlich sehr alt, angeblich wurde es 1490 erbaut. Hier lebte der Reformator in den elf oder zwölf letzten Jahren seines Lebens, bevor er 1572 starb und in der Kathedrale beerdigt wurde. Da er nach einer erfolgreichen Rebellion gegen die katholische Führung des Landes zwei Jahre als Sträfling auf einer französischen Galeere verbracht und dabei französisch gelernt hatte, konnte er Maria Stuart in ihrer Sprache ins Gewissen reden und war auch an ihrer Vertreibung beteiligt. Von allen bekannteren Reformatoren war der Calvin-Schüler Knox der härteste und

Robert Burns wurde 1759 als Sohn eines Bauerns in Alloway geboren. Noch heute wird der Dichter in Schottland verehrt wie kein anderer, und jeder »echte« Schotte kann eines seiner Gedichte rezitieren.

der düsterste. Nach seinem Vorbild versetzten puritanische Bußprediger noch 200 Jahre lang allsonntäglich durch stundenlangen Kanzeldonner über die drohenden Höllenstrafen das Volk von Schottland in Angst und Schrecken.

Die heutige Royal Mile läßt von diesen folgenreichen Verirrungen nicht mehr viel spüren. Die alten, an Hügel gelehnten Hochhäuser zeigen uns, wie im engen Edinburgh arm und reich auf zehn und mehr Etagen beisammen lebte, die kleinen Leute ganz unten und oben, die begüterten Bürger in der Bel Etage. Die vielen Sehenswürdigkeiten und die nötige Teepause machen die Promenade an der Royal Mile zu einem Halbtagsvergnügen, und es bleibt uns überlassen, ob wir dem Parlament, dem Outlook Tower oder Deacon Brodie's Tavern das meiste von unserer Zeit schenken. Dieses Wirtshaus ist dem Urbild von Robert Louis Stevensons Romanheld »Dr. Jekyll and Mr. Hyde« gewidmet, einem ehrenwerten Stadtrat, der sich nachts erfolgreich als Einbrecher versuchte. Hier hängt er nun als Fassadenfigur in der High Street am Galgen eines Wirtshausschilds.

Weniger düster sind andere literarische Erinnerungen, die mit dieser Straße verbunden sind. Der große Denker und Historiker David Hume lebte hier ebenso wie Tobias Smolett (1721–1771), der Verfasser erfolgreicher Romane wie etwa »Peregrine Pickle« und »Roderick Random«. Unterhalb des Schloßhügels lebte einige Zeit der Vater des Horrorromans, James Hogg (1770–1835), der mit seinen »Erinnerungen und Bekenntnisse eines freigesprochenen Sünders« bekannt geworden ist. Held der Geschichte ist ein calvinistischer Fanatiker, der in seiner Selbstgerechtigkeit eine Untat nach der anderen begeht. Den Kriminalroman, die moderne und abgemilderte Form der alten Schauergeschichte, brachte der Edinburgher Sir Arthur Conan Doyle zu besonderer Blüte: Er erfand das weltberühmte klassische Detektivpaar Sherlock Holmes und Doktor Watson. Sein Geburtshaus am Picary Place wurde leider im Jahr 1969 abgerissen.

Die bedeutendsten Gebäude in der Mitte der Royal Mile sind die Kathedrale und das ehemalige Parlamentsgebäude. Die konventionelle Aufsplitterung, die in Schottland für viel Unfrieden und Blutvergießen verantwortlich war, ist auch ein Grund, daß wir in Saint Giles keine hoheitsvolle prächtige Bischofskirche an einem großen Vorplatz vor uns haben. Sie gehört heute den Presbyterianern, die jedem Prunk abhold sind, während die größere St. Mary's Cathedral in der New Town von der schottischen Episkopalkirche unterhalten wird. Immerhin gibt der 1495 vollendete, mächtige Turm mit seiner Steinkrone der Kirche einen unverwechselbaren Charakter. Das Innere ist in einer strengen Gotik gestaltet, die den Droh- und Bußpredigten von John Knox und seinen Jüngern angemessen war.

Von der Insel Iona aus begann ab dem 6. Jahrhundert die Christianisierung Schottlands (oben).
Ein paar verstreute Häuser am »Ende der Welt« – das ist Unapool im Nordwesten Schottlands (unten).

Duart Castle auf der Insel Mull ist eine der wenigen mittelalterlichen schottischen Festungen, die nicht zerstört wurde (oben).
Die Kirche bei Helmsdale liegt an der Küstenstraße nach Wick (unten).

Neben dem Westtor von Saint Giles ist im Pflaster ein aus Steinen gebildetes Herz erkennbar, eine Reminiszenz an die harte frühere Justiz Schottlands: Dort, wo heute das Herz eingelassen ist, stand Tolbooth, das Stadtgefängnis, das im Volksmund »Heart of Midlothian« genannt wurde. Als Walter Scott noch nicht berühmt und als Rechtsanwalt in Edinburgh tätig war, regte ihn ein Fall von Lynchjustiz aus dem Jahr 1736 zu dem Roman »The Heart of Midlothian« (1818) an.

Hinter der Kathedrale erhebt sich das zwischen 1632 und 1814 erbaute und umgestaltete Parliament House. Wenn seine Glasfenster manchen Besucher aus München an das dortige Maximilianeum erinnern, so ist dies kein Zufall: Wilhelm von Kaulbach (1804–1874), meistbeschäftigter Historienmaler seiner Zeit, entwarf für Edinburgh die Fenster.

Erstaunlich lang beschränkte sich Edinburgh auf den Platz innerhalb der Stadtmauern und baute lieber oft abenteuerlich strukturierte Hochhäuser als sich außerhalb auszudehnen. Die ersten neuen Viertel, die inzwischen auch ein beträchtliches Alter erreicht haben, setzten die Royal Mile in südlicher Richtung fort, und zwar rund um den bis heute altertümlich wirkenden Grassmarket, zwischen Burghügel und Parlament gelegen.

Von der nahen Universität und ihren Studenten leben hier nicht wenige zum Teil recht malerische Lokale, der Platz ist ein lebhaftes und unterhaltsames Gegenstück zu der vornehmen Royal Mile. Das Gasthaus »White Heart Inn« war traditioneller Treffpunkt zahlreicher Poeten, William Wordsworth und der Lyriker Robert Burns verkehrten hier.

In einem Haus, dem Tanner's Close, lebten zwei der berühmtesten schottischen Verbrecher nicht weit von ihrem zukünftigen Richtplatz. William Burke und sein irischer Landsmann William Hare ließen in der Zeit der beginnenden anatomischen Studien 16 Touristen verschwinden und verkauften ihre Leichen an den bekannten Anatomieprofessor Robert Knox. Hare entkam nur dank der Kronzeugenregelung der Hinrichtung, Burke wurde gehängt.

Südöstlich von Grassmarket liegt vor Greyfriar's Kirk der berühmteste Friedhof Edinburghs. Bis heute erzählt man sich von einem Hund namens Bobby, der 14 Jahre lang die Grabstelle seines Herrn nicht verließ. Ein kleines Denkmal in der Candlemaker Row erinnert an das treue Tier.

Edinburgh und das nationale Erbe

Nimmt man es genau, so wurde Edinburgh erst 1437, als Nachfolgerin von Perth, die Hauptstadt Schottlands und blieb dies nur bis zum Jahr 1707, als das Land seines Parlaments beraubt wurde und statt dessen eine Vertretung im gesamtbritischen Parlament von Westminster erhielt.

Castle Stalker, einsam auf einer Insel in Loch Laich gelegen, wurde um 1500 erbaut und von Jakob IV. als Jagdschloß genutzt.

Dennoch birgt Edinburgh mehr national bedeutsame Schätze als jede andere schottische Stadt; neben den hinreißenden alten Gassen und Plätzen, den Lokalen und Läden, den Galerien und Museen ist auch noch das Edinburgh Festival zu nennen
An der Ecke von Dublin und York Street öffnet die National Portrait Gallery ihre Pforten, vor deren Besuch man sich mit einigen wichtigeren Persönlichkeiten der Landesgeschichte vertraut machen sollte. Im gleichen Haus findet man ein Museum der schottischen Vor- und Frühgeschichte. Zwischen Princes Street und Royal Mile liegt die schottische National Gallery, die eine einzigartige Gelegenheit bietet, die Maler des Landes kennenzulernen und durch sie die Landschaften Schottlands, die man ja nicht alle aufsuchen kann (die sich den Enthusiasten früherer Jahrhunderte auch noch unverfälscht dargeboten haben). Auch die auf dem Kontinent bis heute unzureichend bekannte englische Malerei ist gut vertreten, während die großen Holländer und Spanier nur als Appetithappen präsent sind. An die kleine Auswahl von Impressionisten kann man die Scottish Gallery of Modern Art anschließen, die im Bereich des Royal Botanic Garden noch nicht endgültig untergebracht ist; der umgebende Park bildet den idealen Rahmen für Plastiken von Henry Moore, die vor dem Museum aufgestellt sind.
Eine museale Besonderheit Edinburghs ist das Museum of Childhood. Die originelle Sammlung zeigt die Schotten als Gemütsmenschen und vereinigt nicht nur historisches Spielzeug und Kinderbücher, sondern auch Exponate, die alle Bereiche des kindlichen Lebens dokumentieren.

Sehenswürdigkeiten am Stadtrand

Im Vorortbereich der ausufernden Stadt liegen zwei sehenswerte Schlösser, das eine bereits eine Ruine, das andere im vorigen Jahrhundert vor dem Verfall gerettet. Craigmillar hat neben seinem zerfallenen Burgfried aus dem 14. Jahrhundert noch begehbare Wohnräume, in denen zeitweise auch Maria Stuart lebte.
Geboren wurde sie in Linlithgow Castle, westlich von Edinburgh. Nur wenige Tage später starb ihr Vater, Jakob V., erst 30jährig. 1746 brannte das Schloß aus, doch da dem Brand nur die Fußböden und das Dachgebälk zum Opfer fielen, bietet die Ruine einen beeindruckenden Anblick.
Im Westen von Edinburgh liegt Lauriston Castle, weniger großartig als Craigmillar, aber durchaus gefällig. Es wurde durch einen wohlhabenden Rechtsanwalt renoviert und verspricht in seinen Schauräumen durch Mobiliar, Wandteppiche und Gemälde einen lohnenden Nachmittag.
Etwas mehr Zeit nehmen die Ausflüge ans Meer in Anspruch, das im Bereich von Leith, dem alten Hafen von Edinburgh, nicht viel Erholungsmöglichkeiten bietet.

Mehr verspricht in dieser Hinsicht das Seebad mit dem verheißungsvollen Namen Portobello, das diese Bezeichnung von einem schottischen Seemann erhielt, der an der Eroberung einer spanischen Festung namens Puerto Bello im frühen 18. Jahrhundert beteiligt war und später sein Haus am Meer »Porto Bello« nannte.
Fühlt man sich von den Nordseetemperaturen des Wassers daran erinnert, daß dieses Portobello denn doch nicht in der Karibik liegt, bleibt immer noch das malerische Fischerdorf Cramond, das aus reizenden weißgetünchten Häusern rund um eine Kirche aus dem 17. Jahrhundert besteht und Ausgrabungen aus der Römerzeit beherbergt. Schon König Jakob V. besuchte sehr gern diesen kleinen Ort, der einen berühmten Gasthof besitzt.
Auf dem nördlichen Ufer des Firth of Forth, schräg gegenüber der Festspielstadt, ist das kleine Städtchen Culross wie ein Freilichtmuseum erhalten geblieben und ist sogar noch bewohnt. Der im 16. Jahrhundert durch Kohle, Salz- und Fischhandel blühende Hafen verfiel im 19. Jahrhundert durch die industrielle Revolution und einen Sturm in einen Dornröschenschlaf, aus dem er nicht mehr erwachte. Die kleinen Stadtpaläste waren Eigentum von schottischen und niederländischen Kaufherren. Culross Palace gehört heute ebenso wie mehrere andere Gebäude dem National Trust, zu sehen ist außerdem noch eine verfallene Zisterzienserabtei.

Festspiele in Schottland

Heute gibt es viele andere internationale Festivals, doch Edinburgh war eine der ersten Städte, die ein solches begründete. Die Lage der Stadt zwischen einer alles überragenden Burg und dem Dorf Car Almond aus der Römerzeit schafft ähnliche Voraussetzungen für ein international attraktives Festival wie die Festspielplätze auf dem Kontinent, Cannes etwa oder Salzburg. Die Szenerie ist einzigartig, nur der Lokalmatador fehlt, wie ihn Mozart für Salzburg abgibt oder Gian Carlo Menotti für sein »Festival der zwei Welten« in Spoleto.
Aber die Initiatoren des Festivals, das seit 1947 Millionen von Besuchern in die Stadt lockte, haben aus der Not eine Tugend gemacht und das Programm weltoffen gestaltet. Die lokalen Traditionen dürfen sich im März in einem Folklorefestival ausleben und kommen auch in den jeden Sommer stattfindenden Aufführungen des Pitlochry Festival Theatre zur Geltung.
Edinburgh selbst bemüht sich in den letzten August- und ersten Septemberwochen um ein weltweit interessantes Programm, zu dem sich natürlich inzwischen auch ein Gegenfestival alternativer Gruppen (Fringe Festival) herausgebildet hat. Das Wagnis war groß, doch inzwischen kann Schottland mit dem Scottish National Orchestra, der in Glasgow beheimateten Scottish Ope-

Linlithgow Palace ist der Geburtsort von Maria Stuart. Leider brannte der Palast im 18. Jahrhundert ab. Geblieben ist eine mächtige Ruine und die phantastische Lage am gleichnamigen See.

Der Glenmore National Forest Park enthält noch Teile der einst ganz Schottland bedeckenden kaledonischen Kiefernwälder, die zur Gewinnung von Weideland und für den Schiffsbau gerodet wurden (oben). Der Berg Suilven wird das »Matterhorn« Schottlands genannt (rechts).

ra und ihrem Ballett sowie dem Scottish Chamber Orchestra und einem Barockensemble aufwarten.
Nun aber ist das Festval etabliert; die Besucherscharen blockieren in der für Schottland günstigsten Reisezeit die Unterkünfte in Edinburgh und im weiten Umkreis bis Glagow; erste Gegenstimmen werden laut, denn die internationale Konkurrenz läßt die Defizite wachsen.
Neben dem Edinburgh-Festival haben sich langsam auch gälische Veranstaltungen an verschiedenen Orten der Highlands durchgesetzt, wobei vor allem das Royal Braemar Gathering dank der Anwesenheit königlicher Hoheiten bis zu 20000 Besucher anzieht, während das Carrbridge Festival of Ceilidhs Mitte September rund um eine malerische Brücke Darbietungen zur Geschichte der Highlands mit sehr viel Lokalkolorit durch Dudelsackpfeifer und Volkstanzvorführungen verbindet.
Informationen über alle Veranstaltungen gibt jährlich das Scottish Tourist Board.

Die Menschen

Über Jahrhunderte hinweg wurden die Schotten von einer düsteren Religion niedergehalten, allsonntäglich eingeschüchtert, bis in die abgelegensten Hütten hinein kontrolliert, denunziert und verfolgt; hinzu kamen noch die eifrigen Bemühungen der in London sitzenden Regierung, alles spezifisch Schottische, von der Sprache bis zum Kulturleben, auszurotten. Das Erwachen nach Jahrhunderten eines solchen Daseins kam einer Wiedergeburt gleich, vor allem, da weite Teile der Highlands erst durch die Eisenbahn und die Straßenbauten von General Wade aus einer beinahe steinzeitlichen Existenz befreit wurden.
So gesehen ist Schottland noch immer ein Land im Aufbruch, mit einem Volk, das nach vielen Generationen, die sich allein der Existenzsicherung widmeten, nun beginnt, die Beschäftigungen und Genüsse einer Gesellschaft zu entdecken, die Muße genug hat, das Schöne und die höheren Werte in ihre Existenz mit einzubinden. Hat man, etwa auf den Inseln, wo es ruhiger zugeht, Gelegenheit zu Gesprächen mit alteingesessenen Familien, so lassen sich diese Einsichten mit oft erschütternden persönlichen Einzelheiten vertiefen.
Noch vor 20 Jahren konnte man bei solchen Fahrten in den Highlands oder auf den Inseln das Glück haben, einem alten Mann zu begegnen, in dessen Familie das Erzählen von Geschichten Tradition hatte, denn der einst geachtete Beruf des Barden oder Skalden vererbte sich in einzelnen Familien oft über zwölf und mehr Generation weiter. In einem Land, in dem selbst so manche Adelsfamilie Schreibfeder und Seife erst im 18. Jahrhundert kennenlernte, kam diesen geschulten Erzählern große Bedeutung zu, und sie hatten auch – anders als auf dem Kontinent – nicht das Odium des fahrenden Sängers, sondern einen geachte-

ten Platz an der Tafel der Clanshäuptlinge. Sowohl die mündlich tradierten Geschichten als auch die frühe schottische Literatur, die Balladen und Lieder dokumentieren ein starkes Nationalgefühl und einen Zug der Heldenverehrung, der in der englischen Literatur noch bis ins 16. Jahrhundert fehlt. Denn bei den Schotten erwachte in den ständigen Kämpfen gegen die übermächtigen Feinde aus dem Süden das Selbstbewußtsein. Gegen deren höher entwickelte Waffen, ihre zahlenmäßige Überlegenheit und hervorragende Truppenführung hatten die Schotten nur ihren Mut, ihre Kraft und die traurige Tatsache zu setzen, daß sie lediglich ein kaum lebenswertes Leben zu verlieren hatten.

Vor dieser Zeit waren die Schotten fest in Clans organisiert gewesen. Der Clan war eine Gemeinschaft von Familien und Sippen einer Landschaft, oft nur einer Insel oder eines Tals, unter der beinahe unumschränkten Herrschaft des Clanshäuptlings, wie man sie in der Frühzeit bezeichnete. Bis ins 17. Jahrhundert waren alle Clans gälisch, in sich geschlossen und nach außen nur durch das Oberhaupt vertreten, dem sich alle Mitglieder – Männer, Frauen und Kinder – bedingungslos anvertrauten und dessen Fürsorge ihnen sicher war.

Die Clansorganisation ging in ihrer Bedeutung weit über die einer militärischen Struktur hinaus. Es stimmt zwar, daß zur Verblüffung aller Nicht-Schotten jeder Clan binnen Stunden eine überraschende Armee von Bewaffneten auf die Füße stellen konnte und daß 24 Stunden später eine Generalmobilmachung durchgeführt war. Dieser prompte Übergang vom Frieden zum Krieg war aber auch bedingt durch die latente innere Unsicherheit in Schottland. In solchen Verhältnissen zu leben, war für die Menschen nur möglich, wenn man sich als Teil einer wehrhaften, gut funktionierenden Organisation fühlen durfte, in der einer dem

anderen Schutz gab. Die Gebote des Gastrechts schützten aber auch das Nicht-Clansmitglied, ganz einfach, weil in den Highlands ein Überleben im Freien nur acht Wochen im Jahr möglich war, so daß jeglicher Ortswechsel oder Handel ohne die strikte Anwendung des Gastrechts unmöglich gewesen wäre.

Das Clansystem wurde durch das Gemetzel von Culloden Moor weggefegt, zerstört durch die harten Gesetze, die nach dieser Niederlage eingeführt worden waren. Verboten wurde das Tragen der Hochlandtracht, der Clan-Kennzeichen und aller Waffen, wozu auch der Dudelsack zählte. Katholiken wurden von allen Ämtern ausgeschlossen.

Seinen Todesstoß erhielt das letzte noch bestehende Vertrauen zwischen Clanoberhaupt und Mitgliedern, als die Clanchefs ihr Land verkauften, ohne Rücksicht darauf, daß der neue Besitzer die Clansleute nicht hier haben wollte, sondern Weideland für seine Schafe brauchte.

Schon vorher waren die Güter vieler geflohener oder verurteilter Jakobiter von neuen, oft englischen Besitzern übernommen worden. Tausende wurden mit Gewalt vertrieben und versuchten ihr Heil in der Neuen Welt. Erst 1881 begannen sich die Pachtbauern gegen diese Vertreibungen zu wehren, gegen Ende des 19. Jahrhunderts sah sich auch die Regierung in London gezwungen, Maßnahmen zur Sicherung der Pachtbauern gesetzlich festzulegen und letztlich eine Kommission einzurichten, um ihre Rechte zu sichern.

Die gälische Sprache

Man kann heute sagen, daß die große Gefahr für das Gälische vorbei ist. Es war aus Irland gekommen, hatte vom Königreich Dal Riada aus die Hebriden und die Highlands erobert und seit dem 16. Jahrhundert eigene, vom irischen Gälisch abweichende Formen entwickelt. 1746 wurde den Schotten verboten, das Gälische selbst in privaten Unterhaltungen zu benutzen, das bedeutete für viele Dörfer, ja für ganze Landstriche, die Verdammung zur Sprachlosigkeit. Einzelne Familien, die damals das Englische als Sprache des Feindes nicht akzeptieren wollten, sollen sich ins Lateinische geflüchtet oder sich mit Zeichen beholfen haben.

1872 wurde Gälisch durch ein Erziehungsgesetz (Education Act) als Unterrichtssprache verboten. Erst seit 1958 ist es wieder in den Grundschulen des Landes im Lehrplan vertreten, wird offiziell Gälisch gesprochen. Das Gälische in der Literatur hatte allerdings James Macpherson mit seinen Gesängen Ossians so nachhaltig belebt, daß sogar Goethe versuchte, diese Sprache zu erlernen. Das Interesse für das Gälische blieb zumindest in literarischen Kreisen lebendig, sogar bei Autoren, die an sich englisch schrieben, aber in ihren Büchern immer wieder auf das keltische Balladenerbe zurückgriffen, wie Fiona MacLeod (1855 bis 1905), das Pseudonym, unter dem William Sharp seine Erzählungen an ein großes Publikum brachte.

Heute lernt man wieder Gälisch, für die meisten als Fremdsprache im eigenen Land. Am Gälisch-College von Skye finden seit 1973 regelmäßig Sprachkurse statt, es gibt auch gälische Musik- und Tanzklassen und ein gälisches Literaturfestival. Eine Gesellschaft, die das Gälische vertritt, wurde 1891 gegründet. Sie verbreitet von Inverness aus gälische Literatur, veranstaltet Sprachkurse und ein jährliches gälisches Musik- und Literaturfestival.

Zusammenfassend läßt sich sagen, daß die gälische Sprache, auch durch die Musikliebe der Schotten, durchaus wieder im Kommen ist, sei es im Rundfunk, im Fernsehen oder in den Heimatzeitungen.

Umgeben von Parkanlagen liegt Dunrobin Castle auf einer Terrasse über dem Meer. Es ist seit Jahrhunderten der Stammsitz der Herzöge von Sutherland, die noch vor 200 Jahren Europas größte Grundbesitzer waren.

Spektakulär liegt Culzean Castle, der einstige Landsitz des Earl of Cassilis, an der Steilküste südlich von Ayr: auf der einen Seite das Meer, auf der anderen ein Garten mit Palmen und Agaven.

Slains Castle war fast drei Jahrhunderte lang der Sitz der Grafen von Erroll. Robert the Bruce schenkte das Schloß Sir Gilbert Hay, weil er ihm in einer Schlacht das Leben gerettet hatte.

Südlich von Inverness liegt auf einem Landvorsprung über Loch Ness die mächtige Ruine von Urquhart Castle, das im 13. Jahrhundert als königliche Festung erbaut wurde. Man sollte an dieser Stelle immer die Kamera bereithalten, denn »Nessie«, das legendäre Seeungeheuer, ist hier schon häufig gesichtet worden.

Threave Castle wurde im 14. Jahrhundert vom dritten Earl of Douglas auf einer damals nahezu uneinnehmbaren Flußinsel im River Dee erbaut. Heute läutet man an der Anlegestelle eine Glocke, wenn man vom Fährmann mit dem Ruderboot übergesetzt werden will.

Inmitten von grünen Hügeln, den Glenkiln, sitzen die von Henry Moore geschaffenen Skulpturen »König und Königin« aus dem Jahr 1952. Sie sind Teil eines größeren Skulpturenparks, der hier in der freien Natur aufgestellt wurde.

Jedburgh Abbey, im Grenzland zu England erbaut, geht auf Fundamente aus dem 9. Jahrhundert zurück. Im 11. Jahrhundert siedelte der schottische König Mönche aus dem französischen Beauvais hier an. Die Kirche war Schauplatz von Krönungen und Hochzeiten der schottischen Könige, bis sie 1544 zerstört wurde.

Die 1318 geweihte Kathedrale von Saint Andrews war die größte Kirche, die jemals in Schottland gebaut wurde. Fanatische Anhänger des Kirchenreformators John Knox zerstörten sie im 16. Jahrhundert und ließen nur die imposante Ruine übrig.

Südlich von Ayr hat der Bildhauer James Thorn im Jahr 1802 in einem kleinen Garten hinter Souter Johnnie's Cottage Figuren aus den Romanen des Dichters Robert Burns in Stein gehauen: So bechern sehr lebensecht Tam O'Shanter und Souter Johnnie mit einigen Kumpanen um die Wette.

Die Büste von Sir Walter Scott, dem großen schottischen Erzähler, steht inmitten seiner fast 10000 Bände umfassenden Bibliothek auf seinem Landsitz Abbotsford. Scott lebte hier von 1812 bis zu seinem Tod im Jahr 1832.

Roslyn Chapel unweit von Edinburgh gilt als das hervorragendste Beispiel mittelalterlicher schottischer Steinmetzkunst. Die wegen ihres reichen Innendekors vielbewunderte Kirche geht auf den letzten Earl of Orkney zurück, der im 15. Jahrhundert lebte.

Kelso Abbey in dem hübschen Städtchen gleichen Namens am River Tweed wurde 1128 gegründet, aber schon 1545 weitgehend zerstört. Nur wenig ist von der einst größten, reichsten und prächtigsten Abtei des Grenzgebiets übriggeblieben.

Melrose Abbey ist eine der vier großen Grenzland-Abteien. Sie wurde 1136 von König David I. für den Zisterzienserorden gestiftet. Nach mehrfachen Verwüstungen durch englische Truppen und anschließendem Wiederaufbau wurde sie 1545 endgültig zerstört. Erhalten geblieben sind Teile des spätgotischen Baus aus dem 15. Jahrhundert.

Nachfolgende Doppelseite:
Edinburgh, seit mehr als 500 Jahren die Hauptstadt Schottlands, vom Carlton Hill aus gesehen. Der kulturelle und administrative Mittelpunkt des Landes präsentiert sich dem Betrachter so malerisch, daß ein Chronist Edinburgh einmal »Athen des Nordens« nannte.

Ein belieber Besichtigungspunkt – nicht nur für Schulklassen – ist der Outlook Tower in Edinburgh. Von der Dachterrasse aus hat man einen weiten Blick über das Umland.

Das Eingangstor des mehr als 1000 Jahre alten Schlosses von Edinburgh wird immer noch bewacht. Heute kann allerdings jeder hinein – falls er eine Eintrittskarte vorweisen kann.

Edinburgh ist unter anderem eine Stadt der Antiquitäten und des traditionellen Handwerks. Einen Besuch lohnt der Laden von Robert Cresser, einziger Bürstenmacher der Stadt, in der Victoria Street.

Viele alte Pubs laden am Grassmarket mit oft origineller Reklame zu einem Bitter, Lager oder Ale ein. Auf diesem alten Marktplatz von Edinburgh wurden früher nicht nur friedliche Geschäfte getätigt, sondern auch Verbrecher öffentlich hingerichtet.

Auf dem Waterloo Place in Edinburgh erhebt sich das Reiterstandbild von Sir Arthur Wellesley, dem Herzog von Wellington. Zusammen mit dem Heer des preußischen Generals Leberecht Blücher fügte er 1815 Napoleon bei Waterloo eine vernichtende Niederlage zu.

Nachfolgende Doppelseite: Hopetoun House, erbaut zwischen 1699 und 1703, ist in seiner klassischen Symmetrie eine der bedeutendsten Schöpfungen der großen schottischen Baumeister William Bruce und William Adam. Das von ausgedehnten Ländereien umgebene Schloß wird heute vom National Trust verwaltet.

Die Umgebung von Lochinver bietet dem Naturliebhaber alles, was das Herz begehrt: reiche Fischgründe, die Möglichkeit zur Beobachtung von Vögeln und das Kletterparadies der nahegelegenen Sutherland Hills.

Loch Lomond, ein 33 Kilometer langer Binnensee im westlichen Schottland, ist nicht zuletzt wegen seiner vielen kleinen Inseln ein beliebtes Ferienziel. Schon Sir Walter Scott und Theodor Fontane rühmten die ruhige Schönheit dieser Landschaft.

Die 1870 auf dem Gilmore Hill errichtete neue Universität von Glasgow ist ein viktorianischer Monumentalbau, den der Londoner Architekt Sir George Gilbert Scott entwarf. 1844 hatte er schon die Ausschreibung für die lutherische Nikolaikirche in Hamburg gewonnen.

Die Kathedrale von Glasgow wurde im 13. Jahrhundert im frühgotischen Stil begonnen; bis ins 15. Jahrhundert zogen sich die Bauarbeiten hin. Die Kirche ist eine von zwei bedeutenden schottischen Kirchen, die dem Bildersturm der John-Knox-Anhänger entging. Unter dem Hochaltar liegt der heilige Mungo, der sagenhafte Gründer von Glasgow, begraben.

Die Holzfässer für den berühmten schottischen Whisky werden noch in Handarbeit hergestellt (oben). Mindestens sieben Jahre muß der Rohwhisky in Eichenfässern lagern, bis er die nötige Reife erreicht hat.

Die blanken Kupferkessel befinden sich in einer der bekanntesten Brennereien Schottlands, der Glenfiddich Distillery, die noch streng nach dem Pure-Malt-Gebot arbeitet.

Je länger ein Whisky lagert, desto weicher wird er in der Regel. Kenner meinen, daß sich der Geschmack jedoch ab einer Reifezeit von zwölf Jahren nicht mehr verändert.

Das kristallklare Quellwasser aus den schottischen Hügeln trägt zur Qualität des Nationalgetränks bei. Im Juli und August müssen allerdings viele Destillen eine »Brennpause« einlegen, da die Bäche dann wenig Wasser führen.

Bis in die vierziger Jahre dieses Jahrhunderts war Anstruther ein bedeutender Fischereihafen. Seitdem allerdings die Heringsschwärme ausbleiben, ist es um den Ort ruhig geworden. Ein Fischereimuseum dokumentiert die vom Meer geprägte Vergangenheit des Hafens.

Crail ist ein malerisches Fischerdorf in der ostschottischen Grafschaft Fife. Von hier wurde schon im 9. Jahrhundert Fisch zum Kontinent exportiert. Bis auf ein paar Golfenthusiasten ist der Ort trotz seiner Schönheit noch weitgehend vom Touristenstrom verschont geblieben.

Culross Palace (erbaut 1597 bis 1611) wurde 1932 als erster Gebäudekomplex des Landes vom National Trust erworben. Diese von den Behörden unterstützte Gesellschaft renovierte das Haus und baute im Lauf der Zeit den ganzen Ort als Freilichtmuseum früheren schottischen Lebens aus. Heute präsentiert sich Culross als Stadt aus der Zeit um 1600, schön und vollständig wie nirgendwo sonst in Schottland.

Am Marktplatz von Culross steht das Mercat Cross. Die Häuser von Culross sind meist mit weißem Mörtel roh verputzt und haben rote Pfannendächer. Der Eingang, durch Außentreppen erreichbar, liegt oft im ersten Stock.

Der Royal and Ancient Golf Club von Saint Andrews hat die alte Kathedralenstadt zu einem Mekka der Golfspieler aus aller Welt gemacht, obwohl der legendäre Old Course mit seiner windexponierten Lage nicht das ideale Wettkampfgelände ist. Der 1754 gegründete Club legte einst die Regeln für das Spiel fest und ist heute noch die einzige Autorität in allen Fragen dieses Sports.

Taylor
Made

So kennt man sie überall in der Welt: Schotten in ihren Tartankilts, mit dem »sporran«, der Jagdtasche aus Leder oder Fell, und natürlich dem Dudelsack, dessen ohrenbetäubendes Gedröhne schon manchen Feind in die Flucht geschlagen hat.

Der Kilt gilt als Gesellschaftsanzug für alle Gelegenheiten – auch für eine Hochzeit. Bei festlichen Anlässen wird er mit einer Weste und einem Jackett aus Samt getragen.

STADIUM

Zwischen Mai und September finden in Schottland die sogenannten Highland Games statt. Nahezu jede Gemeinde, wie hier in Ballater, veranstaltet eigene Spiele, bei denen sich starke Männer im Hammerwerfen (oben), Baumstammwerfen und auch Dudelsackspielen (links) messen.

Das mit Türmchen, Schornsteinen und Kuppeln bekrönte Craegievar Castle südlich von Alford gilt als das schottische Märchenschloß par excellence. Das Schloß wurde von einem reichen Kaufmann, genannt »Willie the Merchant«, erbaut, der mit seinem im Ostseehandel gewonnenen Vermögen das Haus 1625 erstellen ließ.

Ein Park mit herrlichen alten Bäumen umgibt Castle Fraser, eine gut erhaltenen Burg aus dem 15. Jahrhundert, die ihre endgültige Gestalt allerdings erst 200 Jahre später erhielt. Sir Walter Scott spricht in seinem Roman »The Fortunes of Nigel« von Castle Fraser.

Der River Dee entspringt in etwa 1400 Meter Höhe in den Grampian Mountains und mündet nach 130 Kilometern bei Aberdeen ins Meer. Königin Victoria liebte vor allem die Gegend um Ballater, wo der Fluß breit und sanft verläuft.

Balmoral, das Ferienschloß der englischen Königsfamilie, liegt inmitten ausgedehnter Wälder nahe dem River Dee. Das auf Fundamente aus dem 15. Jahrhundert zurückgehende Schloß wurde nach 1852 von Prinz Albert, dem Gemahl von Königin Victoria, weitgehend umgestaltet und neu eingerichtet. Heute kann das Schloß bis zu 120 Gäste beherbergen.

Nachfolgende Doppelseite:
Dunnotar Castle südlich von Stonehaven erhebt sich auf einem über 50 Meter hohen Felsen im Meer, mit nur einer schmalen Verbindung zum Festland. Schon die Pikten benutzten diesen Platz als Thingplatz und Kultort. Das zwischen Engländern und Schotten immer wieder heftig umkämpfte Schloß, in dem in Kriegszeiten die schottischen Reichsinsignien verwahrt wurden, ist heute eine der faszinierendsten Ruinen des Landes.

Crathes Castle, ein Herrenhaus aus dem 16. Jahrhundert, wurde vom National Trust vorbildlich instand gesetzt. Über das gesamte oberste Stockwerk erstreckt sich die Long Gallery, deren kunstvolle Deckenvertäfelung aus Eichenholz in Schottland ihresgleichen sucht (oben).

Der Green Lady's Room in Crathes Castle und seine bemalte Holzdecke (Details im Bild links) wurde von einheimischen jakobinischen Kunsthandwerkern gestaltet. Die heraldischen, biblischen, allegorischen und rein ornamentalen Motive geben eine Vorstellung davon, wie farbenprächtig die Räume zur Zeit Maria Stuarts dekoriert waren.

Nachfolgende Doppelseite: Loch Tummel, vom Aussichtspunkt Queen's View aus gesehen. Im See ist eine teilweise künstlich angelegte Insel zu sehen, auf der sich die Reste einer Festung befinden. Am Ufer des Sees befinden sich biologische und forstwirtschaftliche Forschungszentren.

Im Westen der Cullen Bay, nahe dem 1677 begründeten Fischerdorf Portknockie, ragt der Bow Fiddle Rock, der aussieht wie ein spitz zulaufender Torbogen, aus dem Meer. Er ist ein Kunstwerk der Natur, geschaffen von Wind und Wellen.

Dicht gedrängt stehen die kleinen Häuser des Fischerdorfs Pennan in der gleichnamigen malerischen Bucht. Hier wurde der Kultfilm aller Schottlandfans »Local Hero« gedreht.

Loch Morlich, im Zentrum des großen National Forest Park von Cairngorms gelegen, ist Ausgangspunkt zahlreicher Wanderwege. An den Ufern des Sees stehen noch einige alte Kiefern, die letzten Überreste von Wäldern, die über Jahrhunderte hinweg abgeholzt wurden, um Weideflächen zu gewinnen.

Die Cairngorm Mountains am Oberlauf des River Dee sind nach dem Ben Nevis das höchste schottische Gebirgsmassiv. Hier ist in den letzten Jahren ein größeres Wintersportgebiet entstanden, die wilde Schönheit der Berge zieht allerdings auch im Sommer Touristen an. In einem eigens hier eingerichteten Naturreservat leben viele seltene Tiere wie Goldadler und Schneehuhn.

Nachfolgende Doppelseite: Die Umgebung von Applecross war lange Zeit einer der verborgenen Winkel des westlichen Schottlands. Der Blick reicht hier bei gutem Wetter bis zu den Bergen der Insel Skye.

Auch in die Einsamkeit der Grampian Mountains, eine Bergkette, die sich durch den Südwesten Schottlands zieht, ist inzwischen die Zivilisation eingekehrt.

Vorhergehende Seite, links und rechts: Glencoe (mit Rannoch Moor, rechts) ist das berühmteste und landschaftlich überwältigendste Tal des schottischen Hochlandes. Traurige Berühmtheit erlangte das »Tal der Tränen«. Hier ließ am 13. Februar 1692 Wilhelm III., der Oranier, friedliche Highländer von seinen Soldaten niedermetzeln; die Überlebenden starben größtenteils in dem Schneesturm, der an diesem Tag wütete.

Hauptstadt der Hebrideninsel Mull ist der Fischerhafen Mull, idyllisch in einer steilen Bucht eingebettet. Diese Lage macht den Hafen nicht nur zu einem der sichersten, sondern auch zu einem der schönsten in Schottland.

Der Hafen von Ullapool im nordwestlichen Schottland ist heute einer der wichtigsten Fährhäfen zu den Inneren Hebriden. Rings um die Stadt findet man noch ursprüngliche Landschaften, die von Touristen wenig besucht sind.

ISLANDER
ISLANDER
ISLANDER

Der Harris Tweed, unverwüstlich und außerordentlich angenehm zu tragen, wird bis heute weitgehend in Heimarbeit auf den Hebriden und dem angrenzenden Festland hergestellt. Wer ihn kennt, wird geradezu süchtig nach diesem warmen und leichten Wollstoff.

Nur noch bei Anne Campbell wird die Wolle für den Harris Tweed von Hand gesponnen, ansonsten geschieht dies in der Fabrik. Die Wolle stammt von schottischen Schafen und wird auf den Hebriden gefärbt und weiterverarbeitet.

Im Kilmuir Croft Museum, einem sehenswerten renovierten Dorf mit landwirtschaftlichen Gerätschaften und alten Einrichtungsgegenständen, wird ein Haus auf traditionelle Weise neu gedeckt.

In Arnol auf der Insel Lewis kann man noch einige »black houses«, die typischen Bauernkaten der Hebriden, besichtigen. Mensch und Vieh lebten hier gemeinsam unter einem Dach, es gibt weder Fenster noch einen Schornstein, und das Feuer brannte auf dem Steinfußboden in der Mitte des Raums.

Ullapool ist ein kleines Städtchen mit einer hübschen Hafenpromenade, das sich gut als Ausgangspunkt eignet, um die Westküste und die westlichen Highlands zu erforschen.

Bei ruhiger See und klarem Wetter kann man von der Insel Skye bis zur Nachbarinsel North Uist hinüberblicken.

Die Quiraings auf der Insel Skye sind bizarre Basaltberge, die durch Erosion überraschende Formen angenommen haben. Der bekannteste von ihnen ist »The Needle«, ein 36 Meter hoher Obelisk.

Skye ist die nördlichste Insel der Inneren Hebriden; sie gilt bei vielen Kennern als die schönste, nicht zuletzte wegen der Cuillin Hills, deren gezackte Silhouette von jedem Punkt der Insel aus zu sehen ist (oben). Häufig stößt man hier auf Rhododendren, deren Blütenpracht die Landschaft zartviolett färbt.

Die 45minütige Bootsfahrt zu der kleinen Basaltinsel Staffa ist oft abenteuerlich, und auch bei schönem Wetter ist der Wellengang beträchtlich (rechts). Wenn die See das Anlegen zuläßt, bietet sich dem Besucher ein unvergeßliches Erlebnis: Unzählige Basaltsäulen und als Höhepunkt die Fingal's Cave, eine Höhle, die einem das Gefühl gibt, in einem Dom zu stehen.

Nachfolgende Doppelseite: Der Leuchtturm von Neist Point steht an einer hohen Basaltsteilküste am westlichsten Punkt der Insel Skye. Vom Leuchtturm aus hat man einen faszinierenden Panoramablick auf North und South Uist.

Das Hochlandrind mit seinem dicken Fell scheint sich mehr für den Fotografen zu interessieren als für Dunbeath Castle, das spektakulär auf einer Klippe über dem Meer liegt.

Die Gegend von Drumbeg in Sutherland ist heute weitgehend menschenleer, die kargen Wiesen dienen als Viehweiden. Nur an den zahlreichen Seen der Umgebung treffen sich die Forellenfischer, hier die Edrachillis Bay.

Die Orkney-Inseln (hier auf Mainland) wurden im 9. Jahrhundert von den Wikingern erobert, die das Land überwiegend landwirtschaftlich nutzten. Oft gehen die Mauern der großen Gehöfte noch auf diese Zeit zurück.

In der Nähe von John O'Groats, dem winzigen Fährhafen zu den Orkney-Inseln, sollten Sie es auf keinen Fall versäumen, einen Blick auf die Duncansby Stacks zu werfen, mehrere einzigartige Felssäulen in der Brandung vor der Landspitze.

Südlich von Wick überblickt die Ruine von Girnigoe Castle die Küste. Hier hielt der 4. Graf seinen Sohn John sieben Jahre lang gefangen, weil er ihn eines Mordkomplotts gegen sich beschuldigte.

Skara Brae ist ein Steinzeitdorf auf der Orkney-Insel Mainland, das lange Zeit von einer riesigen Sanddüne zugedeckt war. Zehn Hütten mit steinernen Anrichten, Herden, Regalen, Betten und Stühlen geben einen erstaunlichen Einblick in das Leben einer Steinzeitfamilie.

Auf den Orkneys sind Menhire und kreisförmige Steinsetzungen sehr häufig. Der Ring of Brodgar entstand etwa zur Zeit von Skara Brae und ist einer der größten Steinkreise Europas.

Von dem kleinen Städtchen und Fischereihafen Ullapool aus fahren die Fähren nach Stornoway auf Lewis.

Der Leuchtturm von Stoer ragt einsam aus der Felsküste im Nordwesten Schottlands empor. In seiner Umgebung erinnern noch einzelne verfallene Gehöfte an die Menschen, die hier bis ins 18. Jahrhundert lebten, dann aber ihre Häuser aufgaben.

Auf der Insel Lewis findet sich eine der besterhaltenen vorgeschichtlichen Burgen, die sogenannten Brochs, Schottlands: Dun Carloway erhebt sich malerisch über einer Bucht; von hier aus hat man einen herrlichen Blick über die Insel.

Die grandiosen Klippen und Felsen der Shetland-Inseln sind über Jahrtausende hinweg vom Meer glattgeschliffen worden. Hier die Yesnaby Cliffs auf der Shetland-Insel Mainland.

Nachfolgende Doppelseite: Die Standing Stones of Callanish auf der Insel Lewis wurden vermutlich um 3000 v. Chr. zu kultischen Zwecken errichtet. Die archäologische Bedeutung des Steinkreises wird nur von dem von Stonehenge übertroffen.

ATLANTISCHER OZEAN
NORDSEE
SCHOTTLAND
0
50 km
N
Burg / Schloß / Ruine
Kloster
ORKNEY ISLANDS
WESTRAY
ROUSAY
SANDAY
MAIN-LAND
Kirkwall
HOY
SOUTH RONALDSAY
Pentland Firth
ISLE OF STROMA
SHETLAND ISLANDS
UNST
YELL
FETLAR
St.Magnus Bay
WHALSEY
MAINLAND
FOULA
Lerwick
Cape Wrath
Durness
Dunnet Head
Duncansby Head
John o'Groats
Dounreay
Bettyhill
Thurso
Tongue
Melvich
Noss Head
Girnigoe und Sinclair Castle
Wick
Dunbeath
Scourie
Ardvreck Castle
Lochinver
Loch Assynt
Loch Shin
Helmsdale
Lairg
Brora
Dunrobin Castle
Dornoch
Ullapool
High-lands
Tain
Moray Firth
Poolewe
OUTER HEBRIDES
LEWIS
Stornoway
The Minch
Tarbert
HARRIS
Little Minch
NORTH UIST
BENBECULA
SOUTH UIST
Lochboisdale
ERISKAY
BARRA
Castlebay
VATERSAY
Sea of the Hebrides
INNER HEBRIDES
Kilmuir
Uig
Portree
Dunvegan
SKYE
Kyle of Lochalsh
Eilean Donan Castle
Cromarty
Fortrose
Elgin
Buckie
Fochabers
Beauly
Inverness
Urquhart Castle
Cawdor Castle
Spey
Keith
Peterhead
Pitmedden Garden
Slains Castle
Loch Ness
Fort Augustus
Aviemore
Carrbridge
Grampians
Don
Crathes und Drum Castle
ABERDEEN
Craigievar Castle
Newtonmore
Kingussie
Ballater
Aboyne
Banchory
Dee
Braemar
Stonehaven
Balmoral Castle
RHUM
Sound of Sleat
Mallaig
Invergarry
Inverlochy
Fort William
Blair Castle
Blair Atholl
COLL
Mingary Castle
Tobermory
Loch Linnhe
Glencoe
Tay
Pitlochry
Glamis Castle
Forfar
Montrose
Dunkeld
DUNDEE
Arbroath
Firth of Tay
TIREE
MULL
Craignure
Oban
Perth
IONA
Fionnphort
Trossachs
St.Andrews
Firth of Lorn
Inverary
Loch Lomond
Doune
Fife
Stirling
Dunfermline
Kirkcaldy
Firth of Forth
Lochgilphead
Low-land
Culross
North Berwick
Dunbar
East Linton
Dunoon
GLASGOW
Linlithgow
EDINBURGH
St. Abb's
JURA
Tighnabruaich
Port Askaig
Tarbert
Greenock
ISLAY
Bowmore
Rothesay
BUTE
Clyde
Motherwell
Greenlaw
Duns
KINTYRE
Loch Indaal
Port Ellen
GIGHA
Brodick
Borders
Tweed
Melrose
Kelso
Abbotsford
Coldstream
Carradale
ARRAN
Kilmarnock
Selkirk
Yarrow
Jed-burgh
Hawick
Cumnock
Campbeltown
Ayr
Firth of Clyde
Culzean Castle
Turnberry
NORTHUMBERLAND NATIONAL PARK
Girvan
Hermitage Castle
North Channel
Ballantrae
Corsewall Point
Loch Ryan
Dumfries
Gretna Green
NEWCASTLE UPON TYNE
Londonderry
Castle Douglas
NORD-IRLAND
Stranraer
Carlisle
Solway Firth
ENGLAND

Durch Lowlands und Highlands

Blick vom Scott's View unweit von Dryburgh Abbey in das wunderschöne und fruchtbare Tal des River Tweed.

Die Borders – das Grenzgebiet

Die Cheviot Hills und der River Tweed sind die natürliche Grenze zwischen Schottland und England, das schottische Gebiet jenseits dieser Grenze trägt den Namen »Borders«.

Auf den Spuren der Römer

Der Verlauf der heutigen schottisch-englischen Grenze bestätigt den schließlichen Sieg der wohlgedrillten Regimenter aus Hannover über die tapferen Highlander, denn sie zieht sich von Berwick an der Tweedmündung zunächst am Flüßchen Tweed entlang. Der **Northumberland National Park**, der sich hier befindet, schafft einen so großen siedlungsarmen Raum, als wollten die Engländer noch heute eine Art Niemandsland zwischen sich und den Schotten wissen, eine Pufferzone sozusagen.

Die historische Grenze zieht sich weiter südlich quer über die Insel, an der Schmalstelle zwischen Carlisle im Westen und Newcastle-upon-Tyne im Osten eindeutig bezeichnet durch den Wall, den der römische Kaiser Hadrian hier, im äußersten Nordwesten seines Reichs, seit 122 n. Chr. gegen die nördlich davon lebenden Pikten errichten ließ. Er war nach dem Vorbild des Limes in Germanien mit Türmen und Kastellen verstärkt, die heute fast alle bekannt sind.

Das Städtchen am Ostende des Walls, nahe Newcastle-upon-Tyne, heißt heute noch Wallsend. Im *Museum of Antiquities* in **Newcastle** ist fast alles, was im Lauf der Zeit zugrundeging, in anschaulich nachgebildeten Modellen zu sehen, sogar das berühmte *Mithras-Heiligtum* von Carrawburgh wurde rekonstruiert.

Das westliche Wallende verliert sich im Weichbild von **Carlisle**, an dessen Stelle früher das große Römerlager Petriana lag. Der tüchtige Feldherr Agricola (40–93) hatte sich sehr früh entschlossen, hier eine große Festung zu bauen, und so waren die etwa 1000 Piktenhütten schon nach wenigen Jahren in eine Römerstadt einbezogen, die bis 388 gehalten wurde.

Nach einer geschichtslosen Phase von 300 Jahren taucht Caer Luel mit einem keltischen Namen aus der römischen Vergangenheit auf, wird als Carlisle nun eine Residenz von Grafen, die es mit den Schotten halten und darum prompt mit den Engländern in Schwierigkeiten geraten.

König David I. (1085–1153), einer der fähigsten Herrscher Schottlands, starb in der Burg von Carlisle; der englische König Heinrich VIII.

Sir Walter Scott war von Dryburgh Abbeys romantischer Lage so angetan, daß er hier begraben sein wollte.

(1491–1547) und seine Tochter, Elizabeth I. (1533–1603), bauten Carlisle zu einer englischen Festung aus, aber die Stadt blieb Schottland immer noch verbunden: Von hier trat die unglückliche Königin Maria Stuart 1568 ihren langen Leidensweg an, der schließlich mit ihrer Enthauptung in Fotheringhay endete.

Durch die Cheviot Hills zum River Tweed

In etwa gleichem Abstand von Ost- und Westküste führt die weitgehend auf der alten römischen Trasse verlaufende Straße aus dem nördlichsten England ins südlichste Schottland. Die Landschaft, die sie zwischen River Tyne und River Tweed durchquert, ist so unenglisch und so schottlandtypisch wie sie nur sein kann. Zur Linken dehnen sich noch weite Waldgebiete um einen See aus; zur Rechten liegen auf einer kargen Hochfläche die Reste vorgeschobener römischer Befestigungen; es gibt daneben auch sichere Anzeichen für eine vorrömische Besiedelung in diesem heute beinahe menschenleeren, nur von Schafzüchtern genutzten Gebiet. Die höchsten Erhebungen des Gebirges vulkanischen Ursprungs liegen weiter östlich und erreichen in den Cheviot Hills fast 900 Meter – Höhen, die in Mitteleuropa wenig Eindruck machen, im Hinblick auf das flache Land aber durchaus reichen, um uns einen freien Blick auf die Lowlands, das Schottische Tiefland, zu gewähren. Es ist der erste Blick auf Schottland in seinen heutigen, nordverschobenen Grenzen, und er soll bei schlechtem Wetter schon manchen Reisenden dazu bewogen haben, wieder umzukehren und freundlichere Gefilde aufzusuchen. Spätestens hier aber wird klar, was Schottland bietet: Raum, Luft, Stille und jene stimulierende Weite mit sehr viel ursprünglicher Natur, die für uns Mitteleuropäer inzwischen beinahe zu einer Sensation geworden ist.

Unmittelbar nach dem Paß wendet sich die touristische Route links abbiegend in den Raum Selkirk, nördlich von **Hawick**, der größten Stadt der Borders, die aber aufgrund der Zerstörungen durch die Engländer wenig Sehenswertes bietet. Als Stützpunkt geeigneter ist das hübsche und ruhige **Selkirk**. Diese Stadt war die Heimat jenes Matrosen, dessen Schicksal den Schriftsteller Daniel Defoe zu seinem Robinson Crusoe (1719) anregte und der 1721 starb, als Defoes Buch gerade zwei Jahre auf dem Markt war. Weitere Berühmtheiten der 5000-Einwohner-Gemeinde sind der Afrikareisende und Naturforscher Mungo Park, dem hier auf dem dreieckigen Marktplatz ebenso ein Denkmal gesetzt wurde wie Sir Walter Scott, der mehr als 30 Jahre lang das Amt des Sheriffs von Selkirk innehatte.

Westlich von Selkirk öffnet sich das Yarrow-Tal, das außer seinen landschaftlichen Reizen ein Manor House und ein eindrucksvolles Schloß bietet. *Bowhill*, am südlichen Talhang gelegen, ist Privatbesitz des Duke of Buccleuch seit dem Beginn des vorigen Jahrhunderts und wird von großzügigen Parks umgeben. Es birgt eine wertvolle Gemäldesammlung; Boulle-Möbel und Meißener Porzellan haben ebenso den Weg hierher gefunden wie Gemälde von Canaletto und Guardi: Sogar einen Leonardo da Vinci kann man besichtigen und den selten in Privatsammlungen anzutreffenden Claude Lorrain. Besonders sehenswert sind die frischen und natürlichen Familienbilder, die Joshua Reynolds (1723–1768), ein sonst oft ziemlich steifer Porträtist, hier während eines längeren Aufenthalts auf dem Schloß schuf.

Gegenüber diesen freundlichen Eindrücken vermittelt die Ruine von *Newark Castle* mit ihren dicken Mauern von 1423 einen eher düsteren Eindruck. Man kann sich gut vorstellen, daß hier 1645 nach einer zur Abwechslung von den Schotten gewonnenen Schlacht die unterlegenen königlichen Soldaten auf grausame Weise abgeschlachtet wurden.

Weiter entfernt, in Richtung der Cheviot Hills, liegt das schönste Schloß dieses Ausflugsbereichs, *Hermitage Castle* in Liddisdale. Die malerische, halbverfallene Grenzbefestigung des 13. Jahrhunderts ist als Fotomotiv und Filmkulisse sehr beliebt. Zumindest einmal triumphierte hier die Liebe über die kriegerischen Ereignisse. Als hier der Earl of Bothwell, Geliebter der Maria Stuart und vermutlicher Mörder ihres Gemahls, Lord Darnley, verwundet lag, riskierte die Königin von Jedburgh aus einen wagemutigen Ritt durch die wilde Landschaft, um den Mann ihres Herzens zu sehen. Das in seiner einsamen Lage selten besuchte, imposante Schloß hat bewegte Jahrhunderte hinter sich. Um einen Gebäudekern aus dem Mittelalter sind mächtige Türme entstanden, die ihm einen beinahe unwirklichen Charakter geben. Daß man hier oft monatelang auf sich selbst gestellt war, zeigen auch heute noch das gewaltige Backhaus und der gut geschützte Brunnen. Die hohen Steinfronten der im großen und ganzen geglückten Restaurierung tragen zusammen mit den überdimensio-

nierten Toröffnungen zum Eindruck origineller, ja gewollter Phantastik bei. Wie uns Walter Scott berichtet, versank im Volksglauben das Schloß des bösen Lord Soulis – so hieß der Erbauer im 13. Jahrhundert – in der Erde und stieg durch Zauberkraft wieder auf.
Es war Lord William of Soulis, der in einem Zweikampf mit dem Count of Keilder feststellte, daß dieser ihn mit Zauberkraft schwächen wollte. Erbittert darüber ertränkte er den Gegner im reinen, von magischen Kräften nicht beeinflußbaren Wasser des Ermitage-Bachs, beschloß aber, sich nun selbst der Magie zu widmen. Das machte ihn schließlich zu einem schottischen Gegenstück des Gilles de Rais und der Erszebeth Gräfin Bathory und die Keller zu einer Stätte des Grauens. Dies ist um so erstaunlicher, als das Schloß seinen Namen von der Klause eines frommen Eremiten namens Bruder William ableitet, der sich etwas vom Schloß entfernt angesiedelt hatte. Der Magier Lord Soulis soll sich alle sieben Jahre sehen lassen, während der 1342 im Schloßkerker verhungerte Sir Alexander Ramsey nur bei besonderen Anlässen auftaucht.
Der Mann der alle diese Geschichten kannte und 1802 in einer berühmten Sammlung herausgab, lebte wenige Kilometer nordöstlich von Selkirk am River Tweed in einem sehenswerten schloßähnlichen Haus: der 1820 zum Baronet erhobene Sir Walter Scott (1771–1832). Am rechten Ufer des Tweed erhebt sich *Abbotsford*, weitgehend nach Plänen des Schriftstellers auf dem alten Klostergrund errichtet.
Hier arbeitete Scott die letzten 20 Jahre seines Lebens einen drückenden Schuldenberg ab, weil er eine Bürgschaft für einen Geschäftsfreund übernommen hatte. Aber ähnlich wie bei Fjodor Dostojewski hatte die Nachwelt großen Gewinn davon: Scotts Romane sind bis heute zumindest als Vorlage für Film und Fernsehen lebendig geblieben. Scott ist ist auch noch zu unserer Zeit wie etwa Alexandre Dumas d. Ä. oder Charles Dickens einer jener glücklichen Autoren, die von weiten Kreisen begeistert gelesen werden, ohne dies durch Abstriche an der Qualität ermöglichen zu müssen.

Die Straße der Klöster

Abbotsford war ein Pachthof des Zisterzienserklosters Melrose gewesen, als Walter Scott 1822 das Haus und den Grund mit den vielen alten Bäumen für 4000 Guinees erwarb. Die einst berühmte *Melrose Abbey* ein paar Kilometer tweedabwärts ist heute ein Ensemble von malerisch zerfallenen, nur noch zum Teil überdachten Gebäuden, die zum größten Teil aus dem 15. Jahrhundert stammen.

Grabstein auf dem Friedhof von Dryburgh Abbey.

Hier am Tweed erhob sich ein Kloster schon im 7. Jahrhundert, also in einer Zeit, als das junge Christentum der Borders sich noch gegen skandinavische und keltische Religionen zu wehren hatte. Der Zerstörer von Melrose Abbey war der Earl of Hertford, der im Auftrag von Heinrich VIII. hier in den Jahren 1544 und 1545 gnadenlose Feldzüge unternahm. Einige sehenswerte Details haben sich dennoch erhalten, die uns den Einfallsreichtum und die schöpferische Originalität der unbekannten spätgotischen Baumeister beweisen. In einem gut erhaltenen Nebengebäude, dem House of the Commanders, ist ein kleines Museum untergebracht.
Begraben ist Sir Walter Scott in einem weiteren Grenzkloster, der unweit von Melrose gelegenen *Dryburgh Abbey* aus dem 12. Jahrhundert. Diese Ruine liegt so romantisch auf einer Halbinsel am Tweed, daß es der Wunsch des Schriftstellers war, hier seine letzte Ruhe zu finden.
An einer weiteren Tweedfurt, etwas östlich von Melrose, liegt *Kelso Abbey*, die Ruine der sehenswertesten schottischen Abtei aus dem 12. Jahrhundert, in dem schmucken gleichnamigen Städtchen. Mehrere Hotels machen es zu einem touristischen Zentrum in der Region, aber die Stadt **Kelso** ist auch an sich sehenswert mit ihrem großen Marktplatz, den stilvollen Häusern und den pittoresken Resten der beinahe tausendjährigen Abtei, die von einem französischen Reformorden der Benediktiner gegründet wurde. Das blutige 16. Jahrhundert beendete mit Bränden und Zerstörungen den Ruhm der Abtei so gründlich, daß erst aufgrund von Architekturzeichnungen aus der Vatikanischen Bibliothek wieder rekonstruiert werden konnte, wie großartig sich die romanische Abteikirche über das Städtchen erhob.
Kelso ist einer der teuersten Orte Schottlands, was weniger mit dem alten kirchlichen Ruhm zu tun hat als mit den Lachsen im Tweed: Die angenehme Kleinstadt ist ein Treffpunkt begüterter Hobbyangler, die hier ihr Glück versuchen.
In der Umgebung von Kelso liegen zwei sehenswerte Schlösser. Das eine, im Tweedtal gelegen, heißt *Floors Castle*. Es wurde 1718 erbaut und ist von seinem herzoglichen Besitzer, dem Duke of Roxburghe, in einer nostalgischen Anwandlung um 1840 im längst verflossenen Tudor-Stil erweitert worden. Sehenswert ist neben dem geräumigen und komfortablen Gebäude auch der prachtvolle englische Landschaftsgarten.
Das andere Schloß ist *Hume Castle*, hat aber mit dem großen Denker David Hume (1711–1776) nichts zu tun und liegt nördlich von Kelso nahe der Straße nach Greenlaw auf einem für schottische Verhältnisse ansehnlichen Hügel. Der große Schlösserzerstörer Cromwell leistete auch hier ganze Arbeit, doch fand sich im 18. Jahrhundert ein Mäzen, der das Schloß zwar nicht im ursprünglichen Stil des 13. Jahrhunderts, aber doch mit Geschmack restaurierte.
Auf einer Nebenstraße erreicht man von Hume aus in wenigen Minuten in südöstlicher Rich-

tung *Mellerstain House,* eine Schöpfung des bedeutenden schottischen Architekten William Adam (1689–1748), das von seinem noch berühmteren Sohn Robert fertiggestellt wurde. Es ist ein großzügiges georgianisches Manor House, umgeben von einem ausgedehnten Park und Gärten im italienischen Stil. Das Glanzstück im Inneren bildet die Bibliothek, die als Meisterstück von Robert Adam gilt.

Am Tweed entlang

Östlich von Kelso verläuft die Straße auf der schottisch-englischen Grenze, die durch den River Tweed gebildet wird. Das Grenzdorf Coldstream ist heute ein touristisches Zentrum mit Informationsbüro, Camping- und Golfplätzen. Die Schlösserlinie ist ein wenig nach Norden zurückgezogen – an der Grenze war ja jeder Bau in Gefahr, durch Feinde zerstört zu werden. Lohnender als diese Strecke ist die über Greenlaw nach Duns und weiter nach Eyemouth.

Duns kommt als Geburtsort des großen mittelalterlichen Denkers und Lehrers John Duns Scotus (1266–1308) in Frage.

Der Ort hat zwar keinen alten Hausbestand zu bieten, wirkt aber originell mit seinen gewundenen Straßen, die sich um eine klobige Kirche herum zum Lammermuir-Hügel hinaufziehen. Das *Jim-Clark-Memorial* in der Newton Street erinnert an den weltberühmten Rennfahrer, der am 7. April 1968 auf dem Hockenheimring ums Leben kam.

Östlich von Duns liegen zwei sehenswerte Herrenhäuser, das edwardianische Landschloß *Manderston House* inmitten einer prächtigen Gartenlandschaft und – viel mehr Trutzburg mit Schießscharten als stilvolle Adelswohnung – *Nisbet House* aus dem 17. Jahrhundert.

Einige kleinere Hotels machen Duns zum Ausgangspunkt von Touren in die von Robert Louis Stevenson besungenen Lammermuir Hills mit ihren großen und kleinen Seen, ganz zu schweigen von der Flora dieser Hügel, die naturkundlich Interessierte begeistert.

Auf dem Weg zur Küste passieren wir zwei weitere, ganz unterschiedliche Schlösser, und zwar *Ayton Castle* und *Fast Castle.* Ayton, ein großer roter Sandsteinbau aus dem Jahr 1851, steht an der Stelle einer älteren, 1834 durch ein Feuer zerstörten Schlosses. Es ist in gewissem Sinn eine Kuriosität, da es in dem etwas übertriebenen viktorianisch-schottischen Stil errichtet wurde, als so pompöse Grenzburgen längst überflüssig waren. Aber sicher kommt eine Zeit, in der man auch an solchen viktorianischen Bauten einmal wieder Gefallen finden wird.

Fast Castle liegt zwar in Ruinen, aber diese erheben sich malerisch über der Küste. Es ist nur über einen schmalen Damm erreichbar und heute ein beliebtes Ausflugsziel im Großraum von Edinburgh. Für die Schotten ist Fast Castle das Urbild von Wolf's Crag, der Burg, die in Walter Scotts Roman »Braut von Lammermoor« eine düstere Rolle spielt.

Hoch auf einem Felsen thront die Festung von Stirling.

Die Umgebung von Fast Castle ist schön und erholsam. Sehenswürdigkeiten sind das bunt-lebendige Fischerdorf **St. Abb's** mit Sandstrand und abwechslungsreicher Küste, der große *Leuchtturm* von St. Abb's Head, die hier noch erhaltenen römischen Siedlungsreste und die St. Ebba geweihte *Kapelle* aus dem Jahr 640.

Hier an der Küste befinden wir uns nicht mehr in den Borders, dem alten Grenzgebiet, sondern in East Lothian. Für Touristen gibt es zahlreiche Unterkunftsmöglichkeiten. Erholsame Küstenspaziergänge in nächster Nähe wie der naturgeschichtliche Lehrpfad von Whitesands (Barn's Ness), der wegen seiner wechselnden Küstengestalt und seiner unterschiedlichen Gesteinsformationen lohnend ist, sind sehr gut möglich.

Dunbar ist als Ausgangspunkt für Zugfahrten nach Edinburgh oder in die Umgebung gut geeignet. Die Stadt hat ihr Schloß zwar nicht über die bewegten Zeiten retten können, aber ihre auf einem Hügel gelegene Kirche mit ihrem hohen Turm, an dem sich die heimkehrenden Fischer orientieren konnten, ist ein attraktives Wahrzeichen wie auch der Sechseckturm des alten Rathauses von 1620.

North Berwick am Ufer des Firth of Forth ist eine der angenehmsten Satellitenstädte von Edinburgh geworden, dafür sorgen Sandstrand und Golfplätze und die versteckt liegende Ruine einer *Zisterzienserabtei* aus dem 12. Jahrhundert. Daß die fröhliche Kleinstadt im 16. Jahrhundert als Treffpunkt der schottischen Hexen galt, ist heute vergessen.

Zwischen diesen beiden Städten liegt nahe der Tyne-Mündung das kleine **East Linton** mit der sehenswerten Ruine von *Hailes Castle,* das auf ein befestigtes Herrenhaus aus dem 13. Jahrhundert zurückgeht. Unweit North Berwick liegen die Ruinen von *Tantallon Castle* auf einem Felsvorsprung. Sie tauchen mit ihrem rosafarbenen Stein eindrucksvoll-archaisch vor dem Betrachter auf. Das Schloß galt im Volksmund als unzerstörbar, und tatsächlich wirkt Tantallon Castle mit seinen Rundtürmen auch heute noch wie ein Sieger über die Zeiten.

Schottlands schlanke Taille

An keiner anderen Küste Europas wird die unbarmherzige Kraft des Meeres so deutlich wie in dem zertrümmerten und gespaltenen Norden der britischen Hauptinsel. Selbst an der dem offenen Atlantik abgewandten Ostküste haben Wogen und Stürme tiefe Einbrüche geschaffen, so daß der Firth of Forth bis auf 40 Kilometer an die Clydemündung an der Westküste bei Glasgow heranreicht. Da hier zwei Wasserstraßen – der River Kelvin und der Clyde-Firth-Canal – Atlantik und Nordsee miteinander verbinden, ist das schottische Land nördlich davon im Grunde genommen eine Insel.

Die Meere haben die Menschen hier dichter zusammengedrängt als irgendwo sonst in Schottland. Hier liegen und entwickeln sich nicht nur die beiden größten Städte des Landes in geringer Entfernung voneinander, hier befinden sich auch Stätten ältester schottischer geistiger und geistlicher Traditionen, wie Saint Andrews, Bischofs- und Universitätsstadt an der Nordsee, oder Stirling, die beherrschende Festungsstadt im Firth-Tal und wiederholt Schauplatz entscheidender Schlachten zwischen Engländern und Schotten, von denen heute noch das nahegelegene Schlachtfeld Bannockburn zeugt.

Das geistliche Zentrum: Saint Andrews

Saint Andrews war schon eine bedeutende Siedlung der Pikten, als hier im 8. Jahrhundert jenes Schiff auf Grund lief, mit dem der heilige Regulus in Patras aufgebrochen war, um die Reliquien des Apostels Andreas zu den Heiden nach Norden zu bringen. Diese Reliquien verschafften Saint Andrews eine deutliche Überlegenheit über andere Bischofssitze; und schließlich ist Saint Andrew auch der Schutzpatron der Schotten. 1161 begann hier der Bau einer *Kathedrale*, die lange Zeit die größte Schottlands war. Ihre Pracht wurde ihr dann auch zum Verhängnis: Zwei besonders fromme Männer, nämlich John Knox und Oliver Cromwell, verwandelten sie in eine Ruine. Beim Bildersturm von Knox im Jahr 1559, der sich vor allem gegen die Ornamente richtete, entstanden relativ geringe Schäden; Cromwell gab 1649 die Reste als Steinbruch für neue Gebäude frei. Nicht wenige Stadthäuser bergen seither geweihte Steine aus der großen Kathedrale, ihre Vorgängerkirche *Saint Rule* erlitt ein ähnliches Schicksal. Übriggeblieben sind nur der Ostgiebel, ein Teil der Westfront und die Wände des südlichen Seiten- und Querschiffs.
Besser erhalten hat sich das Schloß am Ostrand der Stadt. Es war in seinen wehrhaften Zeiten (1200–1600) durch einen Burggraben gesichert, den heute eine Brücke überspannt. Hier starb 1546 Kardinal David Beaton, Führer der katholischen Partei Schottlands, der ein Verfechter einer Allianz mit Frankreich und Gegner Heinrich VIII. war, durch die Hand heimlich ins Schloß eingedrungener Mörder. Sein Leichnam wurde an einem Fenster zur Schau gestellt, von dem aus er nur Monate vorher den von ihm verurteilten kirchlichen Reformer George Wishart auf dem Scheiterhaufen hatte brennen sehen.
Die *Universität* von Saint Andrew ist mit ihrem Gründungsdatum 1411 älter als so berühmte Hochschulen wie Freiburg, Tübingen, Leuwen oder Basel, einige der Gebäude gehören zum schönsten, was die Altstadt zu bieten hat. Heute sind es vor allem Golfpilger, die dem alten Städtchen am Meer unbestreitbaren Ruhm verschaffen. Zwar haben die Torbogen und Giebel, die Dächer und Plätze ihren besonderen Reiz, weltberühmt sind aber die Golfplätze vor den Toren der Stadt mit dem 1754 gegründeten *Royal and Ancient Golf Club*, der auch heute noch die oberste Instanz für die Regeln dieses immer beliebter werdenden Spiels ist.

Weithin sichtbar in der landwirtschaftlich genutzten Region der Halbinsel Fife: Boarhill Church bei Saint Andrews.

Die Industriestädte Kirkcaldy und Dunfermline

Die Südküste der Halbinsel Fife liegt Edinburgh gegenüber und ist durch eine Reihe von Fährlinien mit der Stadt verbunden. Auf dieser Halbinsel befinden sich zwei sehenswerte Städte: der einst bedeutende Industrieort Kirkcaldy und die Kathedralenstadt Dunfermline.
Aus **Kirkcaldy** sind einige der wichtigsten Industriezweige inzwischen abgewandert, aber die Stadt hat sich ein paar Trümpfe bewahrt: die Gärten und Parks von Beveridge und Dunnikier, eine Aussichtspromenade mit Blick auf den Firth of Forth, ein *industrie- und sozialhistorisches Museum* und *Ravenscraig Castle,* begonnen im Jahr 1460. Ein berühmter Sohn der Stadt ist Adam Smith (1723–1790), der Begründer der modernen Volkswirtschaftslehre, dessen *Geburtshaus* in der High Street steht. Dem Touristen bietet Kirkcaldy neben seinen bedeutenden Museen in jedem Frühjahr ein besonderes Ereignis: Links Market, die älteste und größte Jahrmarktveranstaltung der britischen Inseln.
Dunfermline ist etwa ebenso groß wie Kirkcaldy, nur ist es hier die Textilindustrie, von der die Einwohner leben, nicht von Linoleum und Kohle wie ihre Nachbarn aus Kirkcaldy. Nach Großbränden in den Jahren 1624 und 1976 sind nur vereinzelt alte Häuser stehengeblieben, die sehenswertesten Gebäude sind Kirche und Kloster von *Dunfermline Abbey*. Sie erheben sich auf den Fundamenten von uralten keltischen und romanischen Sakralbauten und bestehen aus einem Westteil aus dem frühen 12. Jahrhundert und einem Anbau auf alten Fundamenten von 1821. Die Kirche beherbergt einen der schönsten normannischen Innenräume in Schottland: ein Hauptschiff mit starken Rundpfeilern, die mit Zickzack- und Spiralmustern gekerbt sind. In der Abtei wurden neun Könige beigesetzt (darunter Robert the Bruce), und sieben Könige wurden in dieser Stadt geboren, als letzter der von Cromwell nach einem Schauprozeß enthauptete Stuart-König Charles I.

Loch Lomond, der größte Binnensee Schottlands, ist aufgrund seines klaren Wassers sehr fischreich.

Dunfermline hatte das Glück, einen reichen Förderer zu finden: Andrew Carnegie (1835–1919), dessen Aufstieg vom armen Auswanderer, Botenjungen, Eisenbahnarbeiter und Farmer zum Multimillionär legendär geworden ist. Sein großes Sozialengagement veranlaßte ihn dazu, große Stiftungen für Wissenschaft und Kunst zu gründen, er gründete fast 4000 Büchereien in aller Welt, die erste davon in seiner Heimat in der Canmore Street. Sein *Geburtshaus* ist ein unscheinbares Cottage in der St. Margaret Street, wo die märchenhafte Karriere des schottischen Webersohnes in einem kleinen Museum dargestellt ist.

Stirling und seine Umgebung

Dort, wo der Firth of Forth nur mehr ein mäandrisch sich windender Fluß ist, liegt auf einem Felsen *Stirling Castle*. Die Burg war lange Zeit die Hauptresidenz der Stuart-Könige und die Pforte zum schottischen Hochland. Die Schotten lieben die kleine Stadt mit den mittelalterlichen Stadtmauern und den Gebäuden aus dem 16., 17. und 18. Jahrhundert; hier besiegten sie gleich zweimal die Engländer, und dies war ja, angesichts der Übermacht des Gegners aus dem Süden, nicht allzuoft der Fall. Bei Abbey Craig steht das Denkmal, das an den Sieg von Sir William Wallace im Jahr 1297 erinnert; sechs Meter hoch ist die *Statue für Robert the Bruce*, den Sieger von Bannockburn im Jahr 1314, der sich damit zum König von Schottland machte. 650 Jahre später, im Juni 1964, enthüllte Königin Elisabeth II. die lebensgroße Bronzestatue des großen Kämpfers zu Pferd, in Rüstung und mit der typischen Streitaxt in der Hand, nach dessen überwältigendem Sieg das Land für mehrere Jahrhunderte unabhängig war.

Im Jahr 1617 versprach König Jakob I. von England und Schottland Stirling eine Universität; die Kleinstadt mußte allerdings noch einige Jahrhunderte warten, bis dieses Versprechen erfüllt wurde. Erst 1967 wurde die sehr originelle und inzwischen beliebte *Universität* gegründet, die inmitten eines ausgedehnten Parks rund um einen kleinen See liegt. Heute sind es mehr als 4000 Studenten, die der alten Festungsstadt neues Leben geben.

Die Stirling westlich der Römerstraße vorgelagerten Landschaften bis zum in Nord-Süd-Richtung verlaufenden Loch Fyne zählen zu den reizvollsten Schottlands und sind mit ihrem Reichtum an großen und kleinen Gewässern zwischen zahllosen kahlen und bewaldeten Hügeln sehr typisch. Das Herz dieser Landschaft ist das Naturschutzgebiet rund um Loch Lomond, der mit 34 Kilometer Länge der größte Binnensee des Vereinigten Königreichs ist. Wer hier mit dem Auto unterwegs ist, braucht genaue Karten und muß oft im Zickzack fahren, da verschiedene Seen oft nur auf Fähren überquert werden können. Dabei ist jedes dieser Gewässer ein Kleinod, das durch winzige Inseln ein geheimnisvolles Flair erhält. In den vielen unruhigen Jahrhunderten waren die kleinen Eilande in den klaren Seen mit ihrem Fischreichtum geradezu ideale Plätze für jene Aussteiger, die man damals noch Eremiten nannte. Manches Inselchen wurde damals zu einem Stützpunkt frühesten Christentums inmitten einer keltisch-heidnischen Welt. **Inchmurrin**, die größte Insel im Süden des Loch Lomond, trug schon im 6. Jahrhundert ein *Kloster*, und hier findet sich auch die *Ruine* eines Schlosses der Grafen Lennox.

Die tiefen Seen dieser Gegend liefern das beste Wasser der Britischen Inseln; ganz besonders scharfsinnige Heimatforscher schreiben es dem Lärm der Pumpstationen zu, daß die Seeungeheuer, die es hier genau so (oder genauso wenig) gab wie im Loch Ness, sich in die tiefsten Höhlen verzogen haben und sich nicht mehr zeigen. Nur noch im Loch Morar, am Westrand Schottlands und 600 Meter vom Meer entfernt, soll eine dieser riesigen Seeschlangen unbehelligt leben. Auch die letzte Hexe Schottlands, die Mhorag Witch, soll hier ihr Unwesen treiben.

Etwas nordwestlich von Loch Lomond gelangen wir nach **Inverary** mit seinem Schloß. Um einen zentralen Turm zieht sich ein quadratischer Bau mit Ecktürmen. Das *Schloß* beherbergt bedeutende Kunstschätze, darunter wertvolle Gemälde und eine Waffensammlung.

Unterwegs an der Südwestküste

Greenock ist ebenfalls eine kleine Industriestadt, die – abgesehen von einigen georgianischen Gebäuden – touristisch nicht allzuviel zu bieten hat, für das wirtschaftliche Leben Schottlands aber unentbehrlich ist. Neben Webereien und Brauereien stoßen wir auf ein Zentrum des Schiffsbaus, in dem schon ab 1760 Segelschiffe gebaut wurden. Berühmtester Sohn der Stadt ist James Watt (1736–1819), der Erfinder der Dampfmaschine. Die Stadt feiert ihn ausgiebig in einem *Museum* in der Union Street.

Greenock ist die nördlichste Stadt jener großen südwestlichen Ausbuchtung Schottlands, die sich die Grafschaften Kirkcudbright und Ayr teilen, eine Landschaft mit wenig zerklüfteter Küste, die in ihrem Innern noch ausgedehnte Wälder aufweist und nur im Norden dicht besiedelt ist. Den schönsten Weg in den Süden bieten die Küstenstraßen mit Blick auf die große Arran-Insel. Halbinseln und malerisch ins Meer vorspringende Landzungen mit Schlössern beleben das Bild und geben oft ihre mit ihnen verbundene düstere Geschichte preis, wenn man sich etwas näher mit ihnen beschäftigt.
Dunure Castle etwa, südwestlich von Ayr am Meer gelegen, war der Ort, wo Gilbert Kennedy, vierter Earl von Cassilis und praktisch Herr über die ganze Region, 1570 Allan Stewart, den Stadthauptmann von Crossraguel Abbey bei lebendigem Leib rösten ließ, was zur Ächtung dieses Grafengeschlechts führte. Etwas weiter südlich liegt ein weiteres Schloß der Grafen Cassilis: *Culzean Castle*, eine dramatisch auf einem Felsen gelegene Ritterburg, wurde Ende des 18. Jahrhunderts geschaffen. Sie wurde ein Prachtstück des georgianischen Zeitalters mit elegantem Interieur, einem ovalen Treppenaufgang und einem runden Salon, dessen Einrichtung von dem großen schottischen Baumeister Robert Adam (1728–1792) entworfen wurde. Die Ländereien mit Kamelienhaus und Orangerie waren Schottlands erster Country Park.

Culzean Castle, eine der meistbesuchten Sehenswürdigkeiten Schottlands, liegt inmitten eines riesigen Parks.

Durch Burns' Country

Freundlicher als die Erinnerungen an das Geschlecht der Cassilis sind die an den Dichter dieser Landschaft, den großen schottischen Lyriker Robert Burns. Er kam 1759 in dem heute zur Stadt Ayr zählenden **Alloway** zur Welt und starb schon 1796 in Dumfries. Die *Auld Kirk*, in der er getauft wurde, ist zwar von modernen Gebäuden umgeben, steht aber noch, ebenso wie die Brücken von Ayr, die er besungen hat. Seine Statue steht am *Burns Statue Square*, ein *Robert-Burns-Museum* gibt es in der High Street.
In **Kilmarnock**, nordöstlich von Ayr, wurde 1786 erstmals die Sammlung »Poems, chiefly in the Scottish dialect« von Robert Burns gedruckt. Hier hat die *Burns Federation* ihren Sitz, im Kay Park erinnert ein *Memorial* an den Dichter ebenso wie ein *Museum* mit Manuskripten und Erinnerungsstücken. Auch ein Kuriosum hat Kilmarnock aufzuweisen: Der erste (nicht der einzige) Oberbürgermeister Londons, der aus Schottland stammte, wurde in Kilmarnock geboren: Sir James Shaw.
Auf der Höhe von Ayr und dem östlich gelegenen Ort Cumnock endet ziemlich abrupt die Betriebsamkeit: Eine einzige Straße, die A713, zieht sich durch die Hügel nach **Castle Douglas**, einem Marktstädtchen, das so modern wie sein Name alt ist. Man fährt deshalb besser die Küste entlang, wo ein anregendes Bild das andere ablöst: die *Brest Rocks* an der Turnberry Bay, das südöstlich davon gelegene Fischerstädtchen **Girvan** mit dem *Ardmillan House* aus dem 16. Jahrhundert, wo Maria Stuart sich im August 1563 aufhielt, und schließlich das malerische **Ballantrae** mit den Ruinen von *Ardstinchar Castle* über dem einstmaligen Schmugglernest. Weltweit bekannt wurde das hübsche Dorf durch »Der Junker von Ballantrae« (1888), einen der bekanntesten Romane von Robert Louis Stevenson (1850–1894), in dem er die Schicksale von zwei Brüdern einander gegenüberstellt.
Die Küstenstraße endet am Loch Ryan, einer tiefen Meeresbucht, die vom Corsewall Point mit seinem Leuchtturm bis Stranraer einen sicheren Naturhafen bildet, den vor allem der Fährschiffverkehr nach Nordirland nutzt. In der Altstadt von **Stranraer** finden sich verwinkelte Straßen und Gassen; den *Leuchtturm* vor Corsewall Point hat Stevensons Großwater erbaut. Auch vom *Schloß* aus, erbaut im 16. Jahrhundert, genießt man einen weiten Blick über die ganze Bucht und die Küste.

Der Nordosten

Gleichsam als Gegengewicht zu dem Landblock im Südwesten bildet das sonst so zerklüftete Schottland auch im Nordosten eine große und geschlossene Landmasse. Die Gestalt der Küste beweist, daß die Nordsee doch nicht jene zerstörerische Kraft hat, die den schottischen Westen zu tiefen Buchten zerschlagen hat.
Drei berühmte Täler durchziehen das Hochland: in der Mitte das des River Dee mit seiner einzigartigen Schlösserlandschaft von Braemar über Balmoral bis Drum Castle nahe Aberdeen; das Tal des Spey, der sich von Südwesten nach Nordosten von einer Whiskydestillerie zur anderen zieht, und schließlich das schattige, von hohen und wilden Bergen umgebene, von Loch Linnhe abzweigende *Glencoe-Tal*, das voller düsterer Erinnerungen ist an das Massaker von britischen Soldaten an friedlichen schottischen Bauern im

Jahr 1692, deren Gastfreundschaft sie vorher zwölf Tage lang in Anspruch genommen hatten (*Museum* am Talausgang nahe Loch Leven).

»Fair City« Perth

Die Reihe der nordostschottischen Städte beginnt mit **Perth** am Firth of Tay. Mit seiner Lage an ausgedehnten Wasserflächen und mit der malerischen *Altstadt* rund um die stattliche *Saint John's Kirk* aus dem 15. Jahrhundert verdient Perth trotz moderner Viertel immer noch den Ruf der »Fair City«, einer Stadt der Schönheit, der man freilich durch vorsichtigen Wiederaufbau im georgianischen Stil und andere Fassadenkosmetik etwas helfen mußte.
Sehenswert sind einige georgianische Straßen, so *Atholl Crescent* mit schönen Treppenhäusern und *Barossa Place* mit seinen Regency-Villen ebenso wie eine *viktorianische Wassermühle* und die *Art Gallery and Museum*. Eine Besonderheit sind die vielen Antiquitätenläden und die Viehmärkte in der Crief Road.
Ihren Ruf als zeitweilige Residenz der schottischen Könige, ihre historischen Erinnerungen etwa an die großen Auftritte des hier noch siegreichen Charles Edward Stuart pflegt Perth im *Palace of Scone*, fünf Kilometer nördlich der Stadt. Während in Perth der Reformer John Knox seinen Bildersturm nicht nur proklamierte, sondern auch gleich mit schlimmen Verwüstungen durchsetzte, wurde die zerstörte *Scone Abbey* mit der Krönungskirche der schottischen Könige nach seinem Wüten als Scone Palace wieder aufgebaut und ist in ihrer heutigen Form, die auf das Jahr 1803 zurückgeht, und ihrer Inneneinrichtung mit herrlichen Sammlungen an Porzellan, Möbeln und Bildern ein würdiges Denkmal schottischer Geschichte.
In gewissem Sinn nahm hier Schottland seinen Anfang, als Kenneth MacAlpin im Jahr 843 an diesem Ort die Pikten und Schotten in einem Königreich vereinigte und hier seine Hauptstadt gründete. Vielleicht brachte er auch den Krönungsstein (Stone of Destiny) hierher, auf dem bis 1651 alle schottischen Könige gekrönt wurden. Der Stein ist heute Teil des Krönungsstuhls in der Westminster Abbey in London.
Auf dem Weg zur Küste gelangen wir zu Schottlands drittgrößter Stadt **Dundee**, die einst durch Jute, Jam und Journalism berühmt war. Diese Stadt ist das Mekka jener Amerikaner, die nach schottischen Vorfahren suchen, denn der örtliche *Friedhof* enthält zahlreiche Grabsteine mit Berufsbezeichnungen, die bis ins 17. Jahrhundert zurückreichen.

Die Schlösser um Aberdeen

Viel sehenswerter ist *Glamis Castle*, etwa 20 Kilometer nördlich von Dundee gelegen. Die bizarre Pracht mit den vielen Türmchen und Zinnen stammt größtenteils aus der letzten Hälfte des 17. Jahrhunderts; die Königsresidenz aus dem 11. Jahrhundert, auf deren Fundamenten es errichtet wurde und die noch im Kern des Gebäudes zu erkennen sind, war zweifellos viel schlichter. Die Mutter der britischen Königin Elisabeth II., liebevoll Queen Mom genannt, verbrachte viele Kindheitsjahre in diesem Schloß, und 1930 wurde Prinzessin Margaret, die Schwester der Königin, hier geboren. Im Dorf selbst befindet sich in den *Kyrkwind Cottages* eine sehenswerte Sammlung von Erinnerungsstücken, die Einblick in das Landleben der vergangenen 200 Jahre geben.

Der reich verzierte Rathausturm von Aberdeen.

Von Glamis aus kann man eine weitere sehenswerte Burgruine ansteuern, nämlich *Dunnottar Castle* bei Stonehaven. Dieses Gemäuer ist so wild, gewaltig und einsam wie Glamis Castle verspielt und märchenhaft ist. Wiederholt wechselte es den Besitzer, bald waren es schottische, dann englische Herren, und 1651/52 war das Schloß Schauplatz einer acht Monate dauernden Belagerung durch die Engländer unter der Führung Cromwells, die hier die schottischen Kroninsignien und Geheimpapiere König Charles I. vermuteten, diese aber auch nach der Übergabe des Schlosses nicht in die Hände bekamen. Die ältesten Teile stammen aus dem 14. Jahrhundert, an den Erweiterungen wurde bis 1645 gebaut. 1718 schließlich wurde Dunnottar nach der Parteinahme des 10. Earl of Marishal für den Old Pretender geschleift.
Einer der zähesten Kämpfer um Dunnottar Castle war Walter Scotts Romanheld James Graham, Marquess of Montrose, eine der edelsten Gestalten der schottischen Geschichte. Das Fischerstädtchen, das seinen Namen trägt und an der Küste auf halbem Weg zwischen Glamis und Dunnottar Castle liegt, wird wegen seiner Badestrände, Parks und der malerischen Häuserzeile aus dem 18. Jahrhundert gern besucht. Durch seine Nähe zu den Ölfeldern der Nordsee hat **Montrose** seinen Hafen stark vergrößert, was zwar der Wirtschaftskraft der Bewohner auf jeden Fall zugute kommt, sich auf den Charme des Ortes aber eher negativ auswirkt.

Aberdeen – »Oil Capital of Britain«

Ebenfalls vom Öl, allerdings weitgehend ohne schädliche Auswirkungen, hat seit den siebziger Jahren **Aberdeen** profitiert. Die »Oil Capital of Britain« hat noch viele alte Häuserreihen, aber sie sind aus grauem Granit erbaut und machen bei typisch schottischem Wetter einen nüchternen Eindruck, den nur das Gewimmel der Kauflustigen in der Union Street mildert, das donnerstags bis samstags auf dem Castle-Gate-Markt stattfindet.
Daß *Saint Machar's Cathedral* die vielen Kriege nichts anhaben konnten, sieht man auf den ersten Blick. Als habe die Stadt das Wüten eines John Knox vorausgeahnt, wurde die Pfarrkirche als Festung geschaffen. Sie liegt heute freilich nördlich des eigentlichen Zentrums in Old Aberdeen, das sich noch manches sehenswerte alte Haus und vor allem die malerischen Brücken *Brig o' Balgownie* aus dem 14. Jahrhundert und die *Auld Brig o' Dee* aus dem 16. Jahrhundert über die Flüsse Dee und Don bewahrt hat. Die beiden Flüsse sind durch die King Street miteinander verbunden, sie ist auch der bequemste Zugang in die Innenstadt.
Den schönsten Überblick über Aberdeen verschafft man sich vom obersten Stockwerk des *Town House St. Nicholas*. Genau gegenüber liegt dann das *Marischal College*, das Teil der Aberdee-

ner Universität ist und vom 80 Meter hohen *Mitchell Tower* überragt wird. Hier lohnt sich ein Besuch ebenso wie im danebenstehenden *Heim des Bürgermeisters Skene*, der hier im 17. Jahrhundert gelebt hat. Dabei handelt es sich um das älteste Haus Aberdeens, berühmt durch die bemalte Holzdecke in der Kapelle. Erwähnenswert sind außerdem die *Kirk of St. Nicholas*, einst die größte Pfarrkirche Schottlands und nach der Reformation in zwei Kirchen geteilt, aus dem 12. und 13. Jahrhundert, die *Aberdeen Art Gallery* mit einer sehr guten Sammlung zeitgenössischer Arbeiten und *Duthie Park*, ein Park voller Rosen, Rabatten und prächtiger Gewächshäuser, der zum zweiten Namen Aberdeens, der »Blumenstadt der Britischen Inseln«, beigetragen hat.
Nördlich von Aberdeen und ebenfalls an der Küste liegt *Slains Castle* 16 Kilometer von Newburgh entfernt, eine riesige Ruine aus braunrotem Stein, das Schloß der Baronets und späteren Grafen von Erroll. Ihr Ruhm wurde durch den fünften Baronet begründet, der König Robert Bruce in einer Schlacht das Leben rettete und dabei schwer verwundet wurde. Das riesige Anwesen auf atemberaubenden Felsklippen wurde wiederholt ergänzt. Die zwei alten Kanonen vor dem Schloß stammen von dem spanischen Kriegsschiff Santa Caterina und erinnern an den gescheiterten Landungsversuch, den König Philipp II. von Spanien mit seiner Armada unternahm. Von hier aus ist es nicht mehr weit nach *Pitmedden Garden*, einem der ungewöhnlichsten Gärten in Schottland aus dem 17. Jahrhundert. Hier erstreckt sich auf 40 Hektar eine Farbsymphonie von Tausenden von Blumen, geometrisch getrennt durch gestutzte Buchshecken, Kies- und Rasenpfade.

Die Schlösserstraße am River Dee

Von Aberdeen aus zieht sich der River Dee in beinahe gerader West-Ost-Linie parallel zu den Grampian Mountains hin. Entlang des Flusses steht eine Reihe von Herrenhäusern und Schlössern, die den Vergleich des Dee-Tals mit dem der Loire nahelegt.
Als erstes folgt, westlich von Aberdeen, *Crathes Castle* aus dem 16. Jahrhundert mit seinen herrlichen Gärten und uralten Eibenhecken, die im frühen 18. Jahrhundert angelegt wurden. Berühmt sind die Long Gallery und der Wohnturm von Crathes mit den in leuchtenden Farben bemalten, lange Zeit überdeckten Eichenholzdecken, die in Schottland ihresgleichen suchen.
Von hier geht es weiter nach *Banchory*, eine Klostergründung aus dem 5. Jahrhundert. Sie steht in geschützter Lage südlich des Hill o'Fare und wird mit Saint Ternan in Verbindung gebracht, der im Jahr 440 zum Priester geweiht wurde und als Missionsbischof bei den Pikten wirkte. Die Besiedlung des Platzes von Banchory reicht allerdings in die Steinzeit zurück. Als Ausflugszentrum ist Banchory schwer zu übertreffen, gelangt man doch von hier aus in das Feugh-Tal mit seiner malerischen Landschaft und auf den Cairn O'Mount Paß mit herrlicher Fernsicht.
Auf der anderen Seite des River Dee befindet sich *Craigievar Castle*, ein kleines Schmuckstück und Märchenschloß par excellence. Das fünfstöckige Haus wurde 1626 vollendet. Sein Burgherr war der Kaufmann William Forbes mit dem Spitznamen »Danzig-Willie«, weil er sein Vermögen im Ostseehandel gemacht hatte. Das auf einem L-förmigen Grundriß erbaute Haus wird von Erkertürmchen gekrönt, in der Inneneinrichtung sind erste Einflüsse der Renaissance sichtbar. 1963 wurde das Schloß dem National Trust überlassen.
Ins Dee-Tal zurückgekehrt, gelangen wir nach **Aboyne**, wo die Reste eines Schlosses aus dem 9. Jahrhundert liegen. Den Ruhm des kleinen Or-

Die Aberdeen Art Gallery besticht durch die Innenarchitektur ihrer Eingangshalle (oben). Craigievar Castle, ein Wirklichkeit gewordenes Märchenschloß südlich von Alford (unten).

Blick auf die abendliche Szenerie am Loch Ness, im Vordergrund die Ruine von Urquhart Castle.

tes machen seine Hochlandspiele aus, die mit jenen von Braemar wetteifern. Sie werden jedes Jahr im September abgehalten, mit einem großen und farbenprächtigen Aufmarsch der Clans mit Dudelsack und Flaggen.

Im weiteren Verlauf wird der River Dee vor allem an seinem linken Ufer von waldigen Hügeln begleitet, aus denen kleine Nebenflüsse zuströmen. **Ballater** verdankt seine Entstehung dem Heilwasser, das es hier gibt, berühmt geworden ist es aber aufgrund seines wunderschönen Golfplatzes und seiner Nähe zu *Balmoral Castle*, dem heutigen Sommersitz der englischen Königsfamilie. Queen Victoria entdeckte dieses Schloß auf der Suche nach einem ihrem Rheumaleiden zuträglichen Klima erstmals 1848 für sich, kaufte es 1852 für ganze 31 500 englische Pfund und ließ es durch einen Architekten aus Aberdeen umbauen.

Es gilt als sicher, daß Prinzgemahl Albert auf die Architektur entscheidenden Einfluß nahm. Das Schloß ist mit seinen Türmchen, Treppengiebeln und Zinnen ein Musterbeispiel für den schottischen Baronialstil. Es ist aus hellgrauem Invergelder Granit erbaut, kann 100 bis 120 Gäste aufnehmen, wobei die Gemächer der königlichen Familie im ersten Stock und die Gesellschaftsträume im Hochparterre untergebracht sind, und liegt in einem Schloßpark. Das Schloß ist ein Privathaus, neuerdings ist es allerdings möglich, den Ballsaal mit einer kleinen Bilderausstellung und die Parkanlagen von insgesamt 60 Hektar Größe – falls die königliche Familie nicht anwesend ist – zu besichtigen.

Fast am Ursprung des Dee liegt das Dorf **Braemar** mit seinem Schloß. Es ist seit Jahren das beliebteste Zentrum für Touren in die umliegende Hochlandregion. Das aus dem 17. Jahrhundert stammende *Braemar Castle* gehörte jenem Grafen von Mar, der als einziger bedeutender Parteigänger des legitimen Königs Jakob III. alle Folgen seines Scheiterns zu tragen hatte.

Das Schloß brannte 1689 ab, ein Ereignis, das ein Licht-Ton-Spektakel darstellt. Am ersten Samstag im September finden hier, unter den Augen der Königin, das Braemar Gathering, das berühmteste aller Highland Games, statt.

Die Whisky-Straße

Diesen Namen trägt die Route natürlich inoffiziell, ihr Bogen, mit dem sie von Pitlochry über Kingussie Carbridge erreicht und das Schlössertal des Dee im Westen umrundet, ist imposant und hat die Highlands erst wirklich erschlossen. Bei gutem Wetter ist sie ein ungetrübter Genuß, bei Regen kann sie zu einer echten Prüfung der Schottlandbegeisterung werden.

In **Pitlochry** nimmt sie ihren Anfang, mit zwei Destillerien, einer großen Auswahl an Hotels, dies alles in schönster bewaldeter Lage. Wer sich mit Tennis, Golf, Kletterpartien und Angelsport noch nicht ausgelastet fühlt, kann sich Karten für das sommerliche Festival Theatre besorgen.

Von hier aus fahren wir hinauf zum Pass of Killiecrankie und weiter nach **Blair Atholl** am Zusammenfluß von Tilt und Garry. Östlich davon liegt die Hügelketten von Ben-y-Gloe (1200 m) in einer dramatischen und schönen Landschaftsszenerie.

Im Nordwesten des Dorfs liegt *Blair Castle*, einer der wichtigsten Stützpunkte der Herzöge von Atholl. Es stammt aus dem 13. Jahrhundert und wurde durch Artilleriefeuer beschädigt, als die hannoverschen Truppen des Duke of Cumberland den Vormarsch von Bonnie Prince Charlie aufzuhalten versuchten. Heute ist das Haus teilweise für Besucher geöffnet. Sehenswert ist das Mobiliar mit Stücken von Chippendale und Sheraton, außerdem Gobelins, Gemälde und Sèvres-Porzellan. Nach dem *Clan-donnachaidh Museum* bei Blair beschreibt die Straße eine weit ausholende Nordkurve in fast siedlungsleerem Gebiet und überschreitet die Grampian Mountains. Bei Newtonmore hat auch der Macpherson Clan seine Gedenkstätte, dann erreicht die Straße **Kingussie**, eine der ältesten Siedlungen des Landes aus vorpiktischer Zeit. Hier unterhalten vier schottische Universitäten gemeinsam das *Highland Folk Museum*, wo eine bemerkenswerte Sammlung an Werkzeugen, Haushaltsgegenständen, Möbeln Kleidern und Töpferwaren aus den vergangenen zwei Jahrhunderten zusammengetragen worden ist. Im nahen Dorf **Ruthven** ist man stolz auf den Dichter James Macpherson, obwohl er seinen Ruhm der weltbekannt gewordenen Fälschung angeblich altschottischer Lieder des legendären Dichters Ossian verdankt.

Aviemore war lange nicht mehr als eine Poststation der berühmten Militärstraße des alten Generals Wade. Dann kam die Eisenbahn auf ihrem kühnen Vorstoß bis nach Inverness, und nach ihr kam Lord Fraser Allander, der hier, unterstützt von großen Brauereien und anderen Investoren, nicht nur ein Skizentrum mit üppigem Angebot an Hotels und Restaurants erbaute, sondern auch eine Art schottisches Disneyland, den Kinderpark *Santa Claus Land*. Am Loch an Eilean erinnert ein abweisender Burgfried an rauhere Zeiten, als der »Wolf von Badenoch« hier das Tal beherrschte. Auch **Carrbridge**, wo die wichtigsten Straßen des Nordens sich verzweigen, ist noch ein Ski- und Wanderort. Die schönsten Touren eröffnen sich im Dulnain Valley in Richtung der alten Wade-Militärstraße.

Die Straße führt über Grantown-on-Spey weiter nach **Keith**. Hier liegt die älteste *Destillerie* Schottlands (gegründet 1786); zu diesem Zeitpunkt war der *Milton Tower* (1480) von Keith schon 300 Jahre alt. Neben dem alten Keith gibt es eine erstaunlich geschmackvoll angelegte neue Stadt, die sich in ihren Fassaden am 18. Jahrhundert orientiert.

Der nächste kleine Ort, **Fochabers**, ist beinahe ein Freilichtmuseum mit Häusern, die größtenteils aus dem 16. und 17. Jahrhundert stammen. Die Stadt ist ein Musterbeispiel für georgianische Stadtplanung, die noch heute vom damaligen guten Geschmack zeugt.

Von den hier nur noch wenige Kilometer von der rauhen Nordküste entfernten Städten ist **Elgin** besonders sehenswert. Glanzstück der Stadt ist die *Kathedrale* aus dem 13. Jahrhundert. Die schwersten Schäden der Bischofskirche liegen schon weit zurück: Um 1390 wurde sie von Alexander Earl of Buchan, genannt »Der Wolf« ebenso wie die Stadt aus Rache für seine Exkommunikation geplündert und in Brand gesteckt. Später wurde sie von Anhängern des Reformators John Knox nochmals geplündert, und als am Ostersonntag 1711 der mächtige Zentralturm einstürzte, war die einstige Pracht der Kathedrale endgültig erloschen. Heute ragen nur noch die Stümpfe der Doppelturmfassade empor; das einstmals reich geschmückte Säulenportal führt in das Hauptschiff, in dem die Arkaden bis auf den Grund zerstört sind. Der Chor ist ein Meisterstück der Frühgotik, der von einer Doppelreihe von Lanzettfenstern abgeschlossen wird, die wiederum von einem großen Rosettenfenster gekrönt sind.

Um die Kathedrale und den *Bischofspalast* liegen georgianische Häuser und der *Cooper Park* mit alten Bäumen und einem Bootsteich; das Flüßchen Lossie wird von vier malerischen Brücken überspannt.

Von hier geht es weiter Richtung Inverness nach *Cawdor Castle*, wo der durch William Shakespeare so bekannt gewordene Macbeth König Duncan im Jahr 1040 erschlagen haben soll. Der älteste Teil des Gemäuers, der Zentralturm, stammt allerdings aus dem 14. Jahrhundert. Die Burg macht einen unverfälscht mittelalterlichen Eindruck. Zu sehen sind außerdem eine Zugbrücke und ein thematisch auf Shakespeare ausgerichtetes Museum. Fast 100000 Besucher finden sich jeden Sommer hier ein.

Inverness, Hauptstadt des Hochlands

60 Kilometer westlich von Elgin und 30 Kilometer nordwestlich von Carrbridge liegt **Inverness** in einer städtebaulich sehr günstigen Lage: in einem fruchtbaren Flußtal, vom Meer her gut zugänglich, durch eine Enge des Inverness Firth gegen Eindringlinge geschützt und ringsum von Bergen umgeben.

Siedlungen dieser Art haben kein klar bestimmbares Alter. Auf den Bergen befinden sich die Reste uralter Festungen, monumentale Steingräber weisen zurück in vorgeschichtliche Epochen; der Hügel von Tomnahurich, der aussieht wie ein umgedrehtes Boot, ist ein Elfentreffpunkt, von dem der schottische Nostradamus Thomas of Erceldoune (1220–1297) im 13. Jahrhundert in seinen Gedichten berichtet.

Als der heilige Columba im Jahr 565 Inverness aufsuchte, war es die Residenz des Piktenkönigs Brude. Im 12. Jahrhundert wurde dann ein weiteres Schloß an der gleichen Stelle errichtet, Sitz der Könige Duncan und Macbeth. Später wurde dieses Gebäude durch einen Schloßbau aus dem frühen 19. Jahrhundert verdrängt, wie auch die Stadt selbst praktisch aus dem vorigen Jahrhundert stammt, denn nach dem Sieg der Hannoveraner über die Highlander bei Culloden im April 1746 ließ der Herzog von Cumberland die ganze Stadt Inverness bis auf die Grundmauern niederbrennen. Über diese Ereignisse unterrichtet das nahe dem *Schloß* gelegene *Museum* mit einer kleinen Kunstgalerie und vielen Erinnerungsstücken.

Geschichten um Loch Ness

Das legendäre Monstrum im Loch Ness beschäftigt die Phantasie der Einheimischen und Touristen jedoch ungleich viel stärker als der Massenmörder Cumberland. Als der heilige Columba vor mehr als 1400 Jahren nach Inverness reiste, gab es am *Loch Ness* keine der beiden Uferstraßen, so daß er den langen, schmalen See in einem Boot bewältigte. Am Ausfluß des Sees nach Inverness traf der Heilige auf eine Gruppe von Pikten, die eben ihren Gefährten beerdigten. Er war vom Ungeheuer des Sees totgebissen worden. Im Laufe der Unterhaltung wurde Columbas Boot abgetrieben, und sein Jünger Lugne Mocumin erbot sich trotz der Gefahr, es schwimmend heranzuholen. Tatsächlich reckte das Ungeheuer seinen furchterregenden Kopf hinter Mocumin aus dem Wasser, Columba aber hielt das Kreuz unerschrocken hoch und machte beschwörende Zeichen, worauf das Monster verschwand. Dies ist der älteste und, wie böse Zun-

Inverary mit seinen weißen Häusern liegt malerisch entlang der Seefront am Loch Fyne.

gen behaupten, der einzige verläßliche Bericht über das Erscheinen des Ungeheuers von Loch Ness. Andererseits steht der See in so kurzer Verbindung mit dem Meer, daß sich sehr leicht einer der ja oft in Landnähe gelangenden Wale durch den River Ness bis ins Loch Ness vorgewagt haben kann, woran nichts Übernatürliches wäre. Seit General Wade am östlichen Ufer seine Militärstraße nach Inverness gebaut hatte, mehrten sich die Berichte über große Tiere im See, und seit der Eröffnung der A 82 im Jahr 1933, auf der die Besucher von *Urquhart Castle* von Norden und Süden heranströmen, gibt es auch Fotografien eher humoristischen denn schaurigen Charakters.
Sicher ist, daß Urquhart Castle mehr Aufmerksamkeit verdient, als es heute bekommt. Es ist ein Schloß in einzigartiger Lage an einem beherrschenden Punkt, der zweifellos schon in vorgeschichtlicher Zeit befestigt war. Das erste bekannte Schloß wurde um 1200 errichtet. Stürme und Kriege haben ihm hart zugesetzt, und der Großteil der heute noch stehenden Überreste stammt aus dem Jahr 1509, als der Schloßherr John Grant of Freuchie hieß. In einem der alten Schloßgewölbe soll auf mystische Weise die Pest gebannt worden sein, und so lange sie dort eingeschlossen ist, ist Inverness vor ihr sicher.

Culloden Moor – eine Tragödie

Da man in ganz Schottland immer wieder auf den unglücklichen letzten Aufstand gegen das Königshaus Hannover hingewiesen wird, muß ein Wort über Culloden Moor gesagt werden, wo er blutig zu Ende ging.
Das Schlachtfeld ist nicht einmal zehn Kilometer von Inverness entfernt, der Bus hält bezeichnenderweise beim *Cumberland Stone*. Die anderen Steinpyramiden kennzeichnen die Massengräber von 4000 Highländern, den Anhängern von Bonnie Prince Charlie, die schwerterschwingend ins Salvenfeuer englischer und hannoverscher Infanteristen liefen. Den Rest jagte die Kavallerie des Herzogs von Cumberland ins Moor. Mitleidlos wurden die Überlebenden verfolgt, selbst die Verwundeten und die Gefangenen wurden getötet.
Inverness ist seither nicht mehr zum Leben erwacht. Der Betrieb zwischen Nordseeöl, langsam tuckernden Trawlern und sommerlichen Touristenscharen wirkt aufgesetzt, vor allem, da hier jeder weiter will, nach ein paar gedankenvollen Blicken über den nebelverhangenen River Ness weiter in die Highlands, deren wildester nordwestlicher Teil von hier aus in Angriff genommen werden kann – erschlossen ist er noch lange nicht.
In der Innenstadt bestehen ausgezeichnete Einkaufsmöglichkeiten für alles, was man aus den Highlands nach Hause mitzunehmen gedenkt: Kilt und Dudelsack, Whisky und Shortbread, Wolle und Tweed.
Die Stadt ist reich an Nahzielen: Man kann etwa die Ruinen von *Kloster Beauly* besichtigen, das von einer anglonormannischen Familie 1230 erbaut wurde. Der Name stammt aus dem Französischen und lautete ursprünglich eigentlich beau lieu, das heißt »schöner Platz«. Ebenso bietet sich ein Ausflug nach **Fortrose** auf der Black-Isle-Halbinsel nördlich des Inverness Firth an: Der Bischofssitz aus dem 11. Jahrhundert hat eine eindrucksvolle *Kathedrale*, die in Ruinen liegt, mit einer Krypta. Hier wurde vor mehr als 100 Jahren der Silbermünzenschatz von König Robert III. (1340–1406) gehoben.

Romantik pur – Eilean Donan Castle am Loch Druich.

Die ganze Halbinsel ist ein Ausflugsparadies, von dem man sich in der Touristensaison nach **Fort George** gegenüber am Ostufer des Firth, einer monumentalen Artilleriefestung, die heute noch als Garnison und *Militärmuseum* dient, übersetzen lassen kann oder eine Bootsfahrt zu dem malerischen Hafenstädtchen **Cromarty** unternimmt, das mit Hilfe des National Trust zu einem Schmuckstück geworden ist.

Die Westlichen Highlands

Diese Region nimmt sich auf den Landkarten riesig aus, weil sie so gut wie keine Straßen, Bahnlinien, Städte und Dörfer aufzuweisen hat. Aber die gesamte Erstreckung dieser einzigartigen und für unseren engen Kontinent sensationellen Einöden beträgt von Tobermory im Südwesten nach Duncansby Head im äußersten Nordosten knapp 300 Kilometer Luftlinie – also nicht der Rede wert? Nachdenklicher werden wir schon, wenn uns der Highlandkenner daran erinnert, daß der höchste Berg der Britischen Inseln, der Ben Nevis, zwar nur in Feet gerechnet ein Viertausender ist, aber weit mehr Menschen das Leben gekostet hat als der Eiger; und nicht wenige der Opfer hatten die üblichen Wanderpfade gar nicht verlassen...
Wäre es nicht ein so scheußliches Modewort, so könnte man sagen, die Western Highlands seien eine der letzten Herausforderungen, mit denen uns in Europa die Natur konfrontiert. Schon im engen Cornwall, in dem bei Sonne so einladend wirkenden Dartmoor, zieht kein vernünftiger Wanderer ohne wetterfeste Kleidung, Vorräte und Kompaß los; in den Western Highlands ist eine solche Ausrüstung, erweitert um Erste-Hilfe-Set, Notration und Taschenlampen, eine Selbstverständlichkeit, wenn man ausgedehnte Touren unternehmen will: Denn auch in Höhen um 1000 Meter ist die Unsicherheit des Wetters eine unleugbare Gefahr.

Von Loch Sunart nach Norden

Mit schmalen Halbinseln, die nur auf engen Landbrücken mit dem Festland verbunden sind, schiebt sich Schottland in die Hebridenregion hinaus. Etwa fünf Kilometer breit ist Loch Sunart dort, wo *Mingary Castle* dem Fischerdorf **Tobermory** gegenüberliegt, eine Burg aus dem 13. Jahrhundert, also viel älter als die Herrschaft der Schottenkönige über diese westlichen Gefilde. Der Straßenanschluß nach Osten ist dürftig, wofür die malerische Wildnis des Strontian Glen Nature Trail nur unzureichend entschädigt. Erst an der stärksten Verengung des Loch Linnhe liegen gute Hotels, und in **Fort William** informiert uns das *West Highland Museum* über das sich hier ausdehnende Wandergebiet. Der Ort steht im Zeichen der Bergwanderer, er liegt im Schatten des Ben Nevis (1343 m), ab Glen Nevis sind verschiedene Wanderwege ausgeschildert. Im Ort

selbst werden alljährlich Ende Juni die Great Glen Sheepdog Trials, bei denen die Hirtenhunde ihre Fähigkeiten zur Schau stellen, die Highland Games und die Lochaber Agricultural Show im August abgehalten.
In der Umgebung von Fort William liegt das Schloßdorf **Inverlochy** mit einer gut erhaltenen *Burg* aus dem 13. Jahrhundert und einem neueren *Schloß*.
Von den Seen zweigen immer wieder schmale Wasserzungen nach Westen ab, straßenlos oder mit schlechten Uferstraßen versehen, weil die Westküste hier dünn besiedelt ist. Eine Ausnahme bildet Loch Gary. Zu ihm führt vom Invergarry Hotel eine gute Straße, die weiter über Glen Shiel, eines der schönsten schottischen Täler, durch einsames Land hinaus zur Küste bei der Insel Skye verläuft und in Kyle of Lochalsh – Fährhafen nach Skye – endet. Das *Eilean Donan Castle* auf seiner Landzunge ist vermutlich eines der meistfotografierten Schlösser der Highlands, und niemand weiß mit Sicherheit zu sagen, wie alt die aus dem Mittelalter stammende Burg ist. Im Sommer 1719 wurde diese Festung von spanischen Söldnertruppen besetzt, die zur Unterstützung des exilierten Stuartkönigs James II. ausgesandt worden waren. Drei englische Kriegsschiffe bombardierten daraufhin Eilean Donan Castle, die Burg sank in Schutt und Asche. Zwischen 1912 und 1932 wurde sie originalgetreu wieder aufgebaut.
Auf der Hauptstrecke weiter nach Nordosten erreichen wir in **Fort Augustus** die nächste der englischen Zwingburgen gegen die Highländer aus dem Jahr 1716. 1878 wurde eine Benediktinerabtei mit Schule daraus gemacht. Auf der alten Militärtrasse von General Wade verläuft heute eine der besten Hochlandstraßen durch das Glen More am Westufer der Seenlinie.

Das Reich der Schafe

Zentrum dieses Gebiets ist das allen Hochlandliebhabern vertraute Dorf **Lairg** an der Linie der seltsamen Inverness-Wick-Eisenbahn, die für Lairg und andere Hochlandorte weite Umwege in Kauf nimmt, ehe sie nach endloser Fahrt ihren Endpunkt am Nordostkap der Western Highlands erreicht. In Lairg angekommen, hat man bereits einen Vorgeschmack von dem, was den unverdrossenen Hochlandtouristen erwartet: Keine der dorthin führenden Straßen ist gut; das Umland ist so siedlungsleer, wie es sich ein Mitteleuropäer nicht mehr vorstellen kann. Die weiterführenden Straßen sind meist unbefestigt, schmal, ohne Bankette und die Domäne donnernder und staubaufwirbelnder Schaf-, Fisch- und Öltransporter, die auf Pkws keine Rücksicht nehmen. Endlos weite Moorflächen erstrecken sich hier, spektakulär sind die *Wasserfälle* des River Shin vor Lairg. Das Land strahlt jene grenzenlose Melancholie aus, die Robert Burns in seinem Lied »My heart is in the Highlands« so treffend besingt.
Es gibt eigentlich nur zwei Hochlandstraßen, die diese Bezeichnung verdienen: die Westküstenroute vom Forrest Garden Trail über Ullapool nach Durness oder die am Dornoch Firth beginnende Ostküstenroute, die weniger landschaftliche Reize zu bieten hat als die zerfurchte Westküste, aber einige sehenswerte Orte.
Ullapool ist knapp 200 Jahre alt und verdankt sein Entstehen und seine wirtschaftliche Blüte dem Heringsfang. Heute wird es vor allem als Fährhafen zu der Hebrideninsel Lewis genutzt.
Nördlich von Ullapool beginnt die Wildnis, was uns schon Bezeichnungen wie Junction, Trail oder Fort klar machen. Der Inverpolly National Park vereint auf etwas mehr als 11 000 Hektar Fläche ganz typische Hochlandbilder: Lochs, Flüsse, Moor, Wald, Kliffe, Geröllhalden. Hier leben noch Wildkatzen, Marder, Rotwild und Steinadler. Es gibt hier ein Informationszentrum und einen Trail, der dem naturbegeisterten Touristen unbedingt zu empfehlen ist.
Am kleinen Loch Assynt gibt es eine einsame Schloßruine namens *Ardvreck Castle*, das der MacLeod-Clan schon 1591 hier errichtete, was einer Pioniertat gleichkam.
Ein früherer Schloßherr ging recht unrühmlich in die Geschichte ein: Als sich der Marquess von Montrose (1612–1650) nach einer verlorenen Schlacht in die Einöde retten wollte, nahm ihn der Schloßherr gastfreundlich auf, lieferte ihn aber, als er von dem Kopfgeld von 25 000 Pfund erfuhr, an die Engländer aus. Montrose, ein Parteigänger der vertriebenen Stuarts, wurde daraufhin in Edinburgh hingerichtet.

Im hohen Norden

Über Kylesku gelangt man schließlich nach **Scourie**, wo an geschützten Plätzen sogar Palmen wachsen. Dieser Ort ist ein Anglerparadies, wo begeisterte Anhänger dieses Sports Jagd auf die bekannte »brown trout«, eine besondere, hier verbreitete Forellenart, machen.

Schwarz oder blau, wechselhaft wie das Wetter, blinken Tümpel aus der braunen Einöde von Rannoch Moor.

Von hier aus geht es weiter zum Nordküstenort **Durness**, der mit der etwas östlich gelegenen malerischen *Smoo-Höhle* am Ende einer tiefen Spalte in den Kalkklippen einiges zu bieten hat. Diese schon von den Pikten bewohnte Höhle besteht aus drei Kammern, die größte besitzt einen gewölbten Eingang, der einem gotischen Bogen ähnelt.

An Altertümern ist ein *Piktenturm* zu sehen und eine halbverfallene, kleine *Kirche* aus dem Jahr 1619; auf einer hohen Klippe ragt der 1827 errichtete *Leuchtturm* empor, er bezeichnet Cape Wrath, das Nordwestkap der britischen Hauptinsel. Ornithologen finden hier viele Möglichkeiten zur Vogelbeobachtung, denn Baßtölpel, Möwen und Eiderenten bevölkern die Klippen.

Ist man einmal bis Durness vorgedrungen, so sollte man sich auch den Fußweg hinaus nach Faraid Head nicht entgehen lassen. Den Wagen läßt man am besten in **Balnakeil**, einem Kunsthandwerkerdorf mit Webern, Töpfern, Holzschnitzern und Bootsbauern, und hat dann einen Dünenpfad über einen nach Westen gewandten Sandstrand vor sich. Die Dünen sind dauernd in Bewegung, aber der Weg wird immer wieder freigeschoben, und die Ausblicke an seinem stürmischen nördlichen Ende machen ihn zu einem der schönsten Ausflüge, die Schottland zu bieten hat.

Torfstich auf der Insel Lewis.

Die nun folgenden 60 Kilometer entlang der Nordküste bis Melvich sind harte Arbeit. Glücklicherweise verläuft aber der Hauptverkehr in Nordsüdrichtung, so daß man nicht oft die Ausweichbuchten in Anspruch nehmen muß. Rastplätze sind Tongue und Bettyhill. Das kleine Dorf **Tongue** war früher im Besitz des Mackay Clans, kam aber 1829 an den Duke of Sutherland. *Tongue House* ist ein Bau von solider Eleganz, hier im Norden doppelt auffällig, mit schönem Garten und einer Sonnenuhr von 1714. Die bei Tongue zur Küste vorstoßende Straße ist bei weitem nicht so schön wie Strath Naver am Loch Naver entlang nach Norden, die inmitten von viel Grün verläuft. Der River Naver mündet bei dem Dorf mit dem Namen **Bettyhill** ins Meer. Diese geheimnisvolle Region ist reich an alten Denkmälern wie Steinkreisen und Dolmen und Zeugnissen gescheiterter Siedlungsversuche, das heißt von Pachtdörfern, die verlassen wurden, heute aber unter Denkmalschutz stehen und etwa 200 Jahre alt sind. Ein *Museum* hellt die Regionalgeschichte auf.

Melvich gehört bereits zum Einzugsgebiet des großen Atomreaktors von Dounreay. Sein Kessel liegt wie ein riesengroßer Golfball in der Landschaft. Für interessierte Besucher ist eine von April bis September geöffnete *Ausstellung* geschaffen worden. Immerhin sind hier 2000 Arbeitsplätze entstanden, etwa 1000 Häuser gebaut worden, und Thurso, die Nachbarstadt, hat statt 3000 nun über 9000 Einwohner.

Davon abgesehen verdient **Thurso** durch seine einzigartige Lage eine ausgiebige Besichtigung. Vom River Thurso durchflossen, öffnet sich die Stadt auf die von Dunnet Head gebildete Bucht. Der Name ist skandinavischen Ursprungs, der geschützte Hafen war eine der Hauptinvasionspforten der Wikinger – sie besiegten hier im Jahr 1040 eine schottisch-piktische Armee. Das heute dachlose *Thurso Castle* und *Harold's Tower* ragen aus fernen Zeiten in die Gegenwart hinein: Earl Harold beherrschte von hier aus die Shetlands, die Orkneys und Nordschottland, bis er in einer Schlacht im 12. Jahrhundert gegen seinen Namensvetter Earl Harold the Wicked (»Der Verruchte«) fiel.

Die einzigartige Lage des Kaps und der rege Fährbetrieb zu den Orkneys haben **John O'Groats** entstehen lassen. Dieser Ort ist nach dem Holländer de Groot benannt, der vor vielen Generationen hier den Fährbetrieb eröffnete und als dessen Nachfahre sich so mancher Fährmann bezeichnet.

Das im Sommer dicht bevölkerte, sauber herausgeputzte Dorf hat die reinste Luft, die man auf den Britischen Inseln atmen kann. Von hier sind Tagesausflüge zu der kleine Insel Stroma, wo ein Dutzend Menschen mit Hunderttausenden von Seevögeln lebt, möglich, oder man kann sich zum beliebten Küstenspaziergang nach Duncansby Head aufmachen.

An der Ostküste

Wir folgen der Küstenstraße weiter nach Wick, dessen Hafen heute noch sehenswert ist, wenn auch nicht mehr 1000 Trawler pro Tag auslaufen. Entlang dieser Route treffen wir auf den *Leuchtturm* von Noss Head, der zu den Ruinen der Schlösser von *Sinclair Castle* und *Girnigoe Castle* hinüberblickt.

In letztgenanntem Schloß ließ der 4. Earl von Caithness seinen Sohn aufgrund des Verdachts, daß dieser ihm nach dem Leben trachte, nach sieben Kerkerjahren verhungern. Eine weitere Ruine ist *Castle Oliphant* (auch Castle of Old Wick, von den Seeleuten Auld Man o'Wick genannt), das aus dem 14. Jahrhundert stammt.

Neben dem Tourismus lebt **Wick** heute von der Glasproduktion. Die *Glasbläsereien* machen gute Umsätze dank subtiler und geschmackvoller Farbgebung sowie klarer Linienführung, die mit der Skandinaviens verglichen wird.

Die Küste von Wick im Nordosten bis Brora im Südwesten verbindet malerische Eindrücke und bizarre Klippenlandschaften mit einer Atmosphäre von Trauer und Verzweiflung. Hier wurde einer Gegend die Lebensgrundlage entzogen. Nach der verlorenen Schlacht von Culloden wurden viele Güter geflohener oder verurteilter Jakobiten von neuen, oft englischen Besitzern übernommen.

Als die Preise für Wolle im Verlauf der Napoleonischen Kriege anstiegen, stellten sich die landwirtschaftlichen Kleinbetriebe auf Schafzucht auf großen Flächen um. Schafe warfen größeren Gewinn ab, und die Pächter mußten gehen. Vielen blieb nur noch die Auswanderung, wie das Ruinendorf **Bad Bea**, dessen Bewohner nach Australien gingen, deutlich macht.

Da und dort beginnt der Schottlandtourismus, die Lage zu verbessern. In **Dunbeath** gibt es seit 1990 ein *Heimatmuseum* mit Schwerpunkt Kostümkunde, in dem in Menschengröße gestaltete Puppen mit Kleidern aus der keltischen Zeit bis heute ausgestattet sind. Am Ort gefertigte Töpfer- und Lederwaren werden zu günstigen Preisen und in guter Qualität angeboten, der Tourist kann hier seine Mitbringsel einkaufen.

Über dem Hafen von **Helmsdale** erheben sich die Ruinen des gleichnamigen *Schlosses* aus dem 15. Jahrhundert, das Schauplatz einer düsteren Untat und ihrer Bestrafung war. Isobel Countess of Sinclair vergiftete hier im Jahr 1567 den Earl of Sutherland und dessen Frau, so daß ihr Sohn, der Earl of Caithness, seine Nachfolge hätte antreten können. Doch durch ein Mißverständnis trank auch ihr Sohn von dem Gift.
Heiterer wird die Welt in **Brora**, nicht nur durch den langen Sandstrand, sondern auch, weil man hier nicht auf den Hering gesetzt hat, sondern auf den Tweed. Die provinziellen Zentren der Tweedfertigung florieren seit einiger Zeit, Tweed ist ein Modestoff geworden. In *Hunters Tweedmühle* kann man auch einkaufen, was jährlich Hunderte von Besuchern auch tun, und hinterher den guten Kauf in der *Whiskydestillerie* von Clyneleish, die 1819 gegründet wurde, begießen. Südlich davon liegt *Dunrobin Castle*, der Sitz der Grafen von Sutherland. Verschiedene wohlhabende Besitzer haben um einen wahrscheinlich in heidnischer Zeit entstandenen Kern ein prächtiges Wohnschloß entstehen lassen, das 1915 abbrannte, von Sir Robert Lorimer aber wiederaufgebaut wurde, der 1921 auch Bücherei, Wohn- und Eßzimmer hinzufügte. Bemerkenswert sind die Gärten im französischen Stil, das Anwesen besitzt sogar eine eigene Eisenbahnstation.
Mit dieser Sehenswürdigkeit sind wir im Grunde wieder in den Ausflugsbereich von Inverness zurückgekehrt. Westwärts von Dunrobin Castle umrundet die Straße Loch Fleet. Eine kleine Abzweigung führt in den auf reizvolle Weise betriebsamen Bereich von Rogart Park und zurück nach Lairg.
Dornoch ist noch einen kleinen Umweg wert. Nach sehr vielen Ruinen von Kirchen und Schlössern stoßen wir hier auf eine mit Geschmack restaurierte kleine *Kathedrale* aus dem 13. Jahrhundert. Wie weit ihre Geschichte zurückreicht, beweist ein Bildnis des Ritters Richard de Moravia aus der Gründerfamilie der Kirche. Er fiel 1248 bei Embo im Kampf gegen die Dänen. Neben der Kirche erinnert ein Gedenkstein an die letzte in Schottland verbrannte Hexe: Es war im Jahr 1722, als Janet Horn zum Tod auf dem Scheiterhaufen verurteilt wurde, unter der Anklage, ihre Tochter in ein Pony verwandelt zu haben.
Den nahe Dornoch gelegenen Landsitz *Skibo* ließ sich der aus Schottland stammende Millionär Andrew Carnegie ausbauen. Die heutige Berühmtheit Dornochs rührt allerdings vom Golfsport her. Hier wird nachweislich seit 1616 dieser Sport ausgeübt, besonders vor dem Ersten Weltkrieg fand sich hier die Crème de la crème des Golfs ein. Für Golfmuffel gibt es lange Sandstrände und einen malerischen *Leuchtturm*. Bei **Tain** kehrt die A9 wieder an die Küste zurück. Saint Duthac wurde hier um das Jahr 1000 geboren, und noch König James IV. pilgerte regelmäßig zur *Kirche* von **Tain** aus dem Jahr 1371. Von Tain aus hat man nicht nur schöne Ausblicke nach Norden, sondern auch Zugang zu einem bewaldeten Erholungsgebiet westlich des kleinen Städtchens.

Von Dunvegan auf Skye aus kann man Ausflüge zu den nahegelegenen Seehundbänken unternehmen.

Die westlichen Inseln

Da ein Überblick über die Hebriden nicht ganz einfach ist, ein paar Informationen zu Anfang: Der Atlantik an der Westküste hat hier in Jahrmillionen sehr altes und hartes Gestein zerschlagen – Gneis und Granit – , auf dem sich später vulkanische Gesteine und schließlich Kalkschichten ablagerten. Die Inselgruppe wird in Äußere und Innere Hebriden unterteilt.
Die Äußeren Hebriden, malerisch, aber wenig bereist, bilden eine lose Kette von über 200 Kilometer Länge. Von Nord nach Süd gesehen sind dies die Hauptinsel Lewis (der Südteil von Lewis heißt Harris und ist durch seinen Tweedstoff

weltbekannt geworden), North Uist, Benbecula, South Uist, Eriskay und – als letzte – Barra.
So wie Skandinavien bis ins Mittelalter als eine Insel galt, weil es nicht so einfach ist, bei stürmischer See und auf langen Nebelfahrten Gewißheit über den Küstenverlauf zu gewinnen, so galt **Lewis** lange als zweigeteilte Insel, weil von West und Ost tiefe und schmale Buchten in den Inselkörper einschneiden und die Passage der schmalen Landbrücke am Loch Langavat kaum genutzt wurde. Dazu kamen weitere eindeutige Unterschiede: Zwar ist die ganze Insel mindestens seit 2000 Jahren besiedelt, aber die Bewohner im Nordteil sprechen ein hartes Gälisch mit zahlreichen skandinavischen Worteinsprengseln, auf Harris hingegen ist der keltische Einfluß aus Irland wesentlich stärker und das Gälische deshalb weicher.
Die Fährhäfen sind Stornoway (Lewis-Nord) und Tarbert (Harris) nach Ullapool respektive nach Uig auf Skye. Die enge Verflechtung von Wasser und Land, die vielen Seen und Brücken, geben den Äußeren Hebriden einen eigenen Charakter.
Die schönsten Inseln der Äußeren Hebriden sind die südlich von South Uist liegenden, nur durch Fähren erreichbaren Miniaturinseln Barra mit dem Hauptort Castlebay und Vatersay mit gutem Sandstrand, aber ohne Hotel.
95 Prozent der Bewohner der Äußeren Hebriden verstehen und sprechen noch gälisch, selbst in der Hauptstadt Stornoway sind es 55 Prozent.
Ungleich mehr haben die Inneren Hebriden zu bieten, die näher an der Hauptinsel liegen, aber voneinander weiter entfernt und ganz unterschiedlich von der Gewalt des Meeres geformt sind. Sie waren schon seit dem Beginn der schottischen Geschichte in dieses Land eingebunden, nicht selten wurde hier Geschichte geschrieben.
Die bekanntesten und meistbesuchten Inseln dieser Gruppe sind Skye, Mull, Jura und die Whisky-Insel Islay, dazu kommt noch das winzige Iona, die Insel des heiligen Columba vor dem Westkap von Mull.
Schließlich liegt in der großen Bucht zwischen der Halbinsel Kintyre und dem schottischen Festland die große Insel **Arran**, die nicht mit den Araninseln vor der irischen Westküste zu verwechseln ist. Diese Insel ist etwa 32 Kilometer lang und 16 Kilometer breit und wird von Ausländern relativ wenig besucht. Sie gilt als ein Schottland en miniature, ein Schottland im kleinen, weil sie sowohl Highland-, als auch Lowlandregionen umfaßt.

Die alten Familien auf den Inseln

Es ist nur natürlich, daß sich in dieser Abgeschiedenheit erbliche Macht länger hielt als auf dem Festland mit seinen vielen Fehden. Noch im späten 18. Jahrhundert trafen Doktor Johnson und Boswell die alten Clanherren auf ihren Inselschlössern als die beinahe unumschränkten Herrscher über Land und Menschen an.
Die alten Clans des Westens sind, von Norden nach Süden, die MacLeod, MacDonell, MacDonald, MacInnon, MacQuarie und der Clan Ranald, keiner von den nichtgälischen Clans

Oban ist der Fährhafen zu den Hebriden.

(Stuart, Murray, Gordon u. a.) konnte auf den Inseln Fuß fassen. Im Schutz dieser Clanoberhäupter (in frühen Zeiten durchaus als Häuptlinge zu bezeichnen) durfte man sich sicher fühlen, und auch die geographische Situation begünstigte Flüchtlinge, weil die Verfolger sich erst Schiffe in günstiger Lage beschaffen und sich im Inselgewirr orientieren mußten. Der bis heute prominenteste Flüchtling war Bonnie Prince Charlie, der nach dem Desaster von Culloden durch die nördlichen Highlands zu den Äußeren Hebriden geflüchtete Stuart, legitimer Erbe der Throne von England und Schottland. Angesichts einer Belohnung von 30000 Pfund für seine Festnahme (für die man sich im armen Schottland damals den schönsten Landsitz kaufen konnte) war er hier jedoch nicht sicher. Lady Clanranald lieh ihm Frauenkleider, und Flora MacDonald aus Milton bei Lochboisdale (South Uist) brachte ihre angebliche Magd durch Sturm und Wellengang am 28. Juni 1745 nach Skye. Als der Prinz auf einem französischen Schiff Schottland verlassen hatte, war Flora langen Verhören ausgesetzt, doch wurde sie schließlich freigelassen und starb hochbetagt erst im Jahr 1790 auf Skye.

Skye

Skye war norwegisch, bis Alexander III. nach der Schlacht von Largs 1266 die gesamten Hebriden zurückgewann. Seither sind im Norden die MacLeods von Dunvegan Castle der Skye beherrschende Clan, im Süden hatten die MacDonalds of Sleat ihr Reich. *Dunvegan Castle* ist das interessanteste aller Ausflugsziele auf den Hebriden: Seit dem 12. Jahrhundert ist es ununterbrochen im Besitz einer Familie, es steht auf Fundamenten aus dem 10. Jahrhundert und wurde erst im vorigen Jahrhundert zugänglich gemacht und ausgebaut. Das bis dahin nur durch einen unterirdischen Gang oder mit dem Schiff erreichbare Monstrum aus grauer Vorzeit konfrontiert uns mit der grausamen Wirklichkeit von Kerkern und Verliesen der früheren Zeiten. Unter den Erinnerungsstücken nimmt Braolauch Shi (auf Englisch: fairy flag) den ersten Platz ein, eine seidene Flagge, die angeblich dem ersten MacLeod von der Fee Titania, der Gemahlin Oberons, überreicht wurde und dem Clan wiederholt zum Sieg verhalf.
Im August 1814 besuchte Walter Scott das Schloß. Der damalige 24. Clanchef John Norman MacLeod führte gerade Umbauten durch und bot dem berühmten Gast das Spukzimmer an, weil es von den Renovierungen nicht berührt wurde. »Ich hatte einen ereignisreichen Tag hinter mir«, berichtete Walter Scott später, »hatte gut zu Abend gegessen und eine ganze Flasche besten Rotweins getrunken, und so kam es, zu meiner unauslöschlichen Schande, zu einem so tiefen Schlaf, daß auch der Schloßgeist mich nicht zu wecken vermochte.«
An der Nordspitze von Skye befindet sich das *Kilmuir Skye Croft Museum*, ein Museumsdorf, in dem die Lebensumstände auf der Insel im vergangenen Jahrhundert dokumentiert sind.
Skye ist die am besten erschlossene Hebrideninsel. Drei Fähren setzen Autos binnen Minuten über den Meeresarm. Bemerkenswert sind die in den vergangenen Jahrzehnten intensivierten Versuche, Skye zu einem Zentrum gälischer Renaissance zu machen. Das *College* auf der Halb-

insel Sleat erfreut sich regen Interesses. Die landschaftliche Schönheit der Insel mit schroffen Gebirgszügen, den tief eingeschnittenen Buchten und den hohen Klippen zieht immer mehr Touristen an. Die legendäre Gastfreundschaft auf Skye, wie sie die Besucher des 18. und 19. Jahrhunderts rühmten, kann heute noch in einigen komfortablen Hotels mit freundlichem Personal genossen werden, und die Besucherzahlen sind immer noch im Steigen begriffen.

Mull

Die Insel Mull vor Loch Linnhe, halb so groß wie Skye, ist nicht ganz so gut erschlossen wie Skye. Die Fähre aus Oban nimmt die schönste Route und legt in der Craignure Bay an, wo eine Straße einerseits nach Tobermory, andererseits an die Westküste und zur Insel Iona führt. Die Insel ist sehr bergig, die höchste Erhebung ist der Ben More mit 966 Metern.
Besonders die stark zerklüftete Westküste beeindruckt mit grandiosen Klippen und Felsformationen. Auch hier gibt es den berühmten Säulenbasalt, für den Staffa berühmt ist.
Tobermory gilt als der reizvollste Fischerhafen von ganz Schottland. Die Bewohner malen ihre Häuschen in bunten Farben an, was selbst bei Regenwetter für eine gewisse Fröhlichkeit sorgt, und sie nähren die Legende von dem spanischen Schlachtschiff in der Bucht von Tobermory durch einzelne Fundstücke in einem kleinen *Museum*. Dieses Schiff soll Teil der spanischen Armada gewesen sein, das 1588 hier Vorräte an Bord nehmen wollte. Als der Kapitän allerdings ohne zu zahlen ablegen wollte, wurde es von einem Bewohner der Insel in Brand gesteckt und sank.
Mull hatte vor 200 Jahren noch 10000 Einwohner. Rückgang der Fischerei, englische Strafmaßnahmen und Vertreibung der Pächter führten zu massiven Auswanderungen und zum heutigen menschenleeren Charakter der Insel, die jedoch viel Atmosphäre hat.
An der Duart Bay am Ostende der Insel liegen die *Schlösser Torosay* und *Duart* einander gegenüber, das erste sehr malerisch aus grauem Granit und blauen Schieferdächern inmitten von sehr viel Grün, das andere hoch über der Bucht mit einem Burgfried aus dem 13. Jahrhundert. Von Fionnphort ganz im Westen kann man im offenen Boot in zehn mitunter spannenden Minuten nach Iona übersetzen.

Hoy, die zweitgrößte der Orkney-Inseln, ist sehr dünn besiedelt. Haupterwerb der Einwohner ist die Fischerei.

Die »Heilige Insel« Iona

Als irische Mönche im 6. Jahrhundert zur Verkündigung des Evangeliums ausschwärmten, kamen sie auch nach Schottland. Columkille von Neill, ein Mönch aus vornehmem Geschlecht, der in Irland eine Reihe von Klöstern gegründet hatte, ehe ihn König Dermott, dem er sein zügelloses Leben vorgehalten hatte, des Landes verwies, begab sich auf Piktenmission nach Schottland und erhielt von bekehrten Häuptlingen die Hebrideninsel Hy oder Iona zur Begründung eines Klosters (vermutlich 564). So wurde Iona das schottische Jerusalem, die Urstätte des Christenturms für ganz Nordeuropa. Im Juni 597 starb Columba, 77 Jahre alt, Iona aber blieb Missionszentrum und Begräbnisstätte für viele bekehrte schottische, irische und norwegische Fürsten. Der *Friedhof* von Reilig Oran ist darum eine besondere Sehenswürdigkeit, auch wenn sich von den ältesten Gräbern keine deutlichen Spuren erhalten haben.
Die ganze Insel steht im Zeichen ihrer alten christlichen Traditionen, die sie heroisch auch nach vier Wikingerüberfällen bewahrte. Ein *Frauenkloster* von 1203 liegt in Ruinen, die *Kathedrale*, mit deren Bau von 1200 begonnen wurde, ist dank guter Restaurierung als klobiger, graugrüner Steinbau ein Zeugnis bewegter Zeiten. Sonst erinnern nur noch zwei alte *keltische Kreuze* an diese Keimzelle des Christentums.

Staffa

Die kleine Basaltinsel Staffa zwischen Iona und den Treshnish Isles ist heute unbewohnt; die weidenden Schafe werden übergesetzt und wieder abgeholt. Die Basaltpfeiler, als vulkanische Lava hier im Tertiär an die Oberfläche getreten, sind so regelmäßig, daß man nicht an einen Zufall der Natur glauben möchte.
Berühmter aber noch sind die Höhlen, die das Meer in das vulkanische Gestein gegraben hat, vor allem die aus Felix Mendelssohn-Bartholdys beliebter Hebriden-Ouvertüre bekannte *Fingal's Cave*, die 20 Meter hoch, 15 Meter breit und fast 40 Meter tief ist. Sie ist nur von See her zugänglich und wurde 1772 erstmals von Sir Joseph Banks beschrieben, dem berühmten Londoner Naturwissenschaftler, der auch die Reisen von James Cook anregte. In ihr hat man das Gefühl, in einem Dom zu stehen.
Das Wort Fingal ist übrigens altirisch und hat eine düstere Bedeutung: Es steht für die Tötung

Die Seilebost Bay auf Harris besitzt saubere Strände, und das Wasser wird hier vom Golfstrom erwärmt.

von Blutsverwandten, wie sie vor allem beim Nachfolgestreit in den keltischen Fürstenhäusern nicht selten war. Die Strafe dafür war vielleicht die Verbannung des Mörders auf den einsamen Basaltfelsen von Staffa...

Die südlichen Inseln der Inneren Hebriden

Die Reihe der großen Inseln setzt sich nach Süden mit Jura und Islay fort, die eine langgestreckt wie eine Gurke, die andere wehrlos dem Meer preisgegeben durch die tiefe Bucht des Loch Indaal.
Es sind Inseln, deren Namen wir vor allem von den Etiketten der Single-Malt-Whiskies kennen, denn auf den Hebrideninseln wird nicht gemischt (blended), weswegen tatsächlich von einer Insel zur andern je nach Boden und Getreidesorten ein eigener Whisky entsteht. Der von Islay ist auf dem Torffeuer so originell geworden, daß man ihn auf den ersten Schluck gar nicht als Scotch erkennt. Hat man sich aber erst einmal an den Islay Single Malt gewöhnt, hat man erfahren, wie er Müdigkeit überwindet und geradezu »high« macht, so ist man für die Sorten vom Festland verloren. Ein Halbdutzend Brennereien sorgt auf der Insel für Betrieb; die Fährverbindungen nach Port Ellen und Port Askaig sind häufig. Die Inselhauptstadt Bowmore hat einige kleinere Hotels. **Islay** gehörte nach dem Ende der Wikingerherrschaft zu der so gut wie unabhängigen Grafschaft Finlaggan, was vielleicht erklärt, daß Islay bis heute eine besonders sangesfreudige Insel ist, natürlich kann auch der weltberühmte Whisky dazu beitragen.
Jura hat in den »Paps« genannten drei Gipfeln Erhebungen von über 800 Meter Höhe mit gutem Rundblick und vor seiner Nordspitze jene Meeresstrudel, die als *Corryvreckan Whirlpool* für sehr viel Gischt sorgen, die aber vergleichsweise wenig besucht werden – es gibt nämlich keine Straße dorthin, so wie auch Jura keinen nennenswerten Ort hat und im Norden und Westen kaum jemals besiedelt wurde.
Die beiden großen Inseln werden von der langgestreckten Halbinsel Kintyre flankiert, die durch den Tarbert, einen weiten Meereseinschnitt, beinahe zur Insel wird. Der durch die Beatles berühmt gewordene Mull of Kintyre ist der südlichste Aussichtspunkt der durch Rundstraßen erschlossenen Halbinsel. Der Hauptort **Campbeltown** liegt weit im Süden an einer windgeschützten Ostbucht, die schon vor Columba von irischen Missionaren als Ausgangspunkt ihrer Tätigkeit genutzt wurde. Nachdem die wirtschaftliche Blüte durch Heringsfang vorüber ist, ist die Stadt heute ruhiger und erfreut sich eines milden Klimas und wachsenden Touristeninteresses. In der Mitte der Halbinsel, an der Carradale Bay, kann man im Sommer nach ihr benannte ausgedehnte *Gärten* besichtigen oder auf einer kleinen Insel vor der Bucht eine Befestigung aus vorrömischer Zeit besuchen, die den Umstand nutzte, daß jenes Inselchen nur bei Ebbe Landverbindung hatte.
Die nördliche Fortsetzung von Kintyre, die Halbinsel Knapdale, hat einen breiten Landanschluß an die Grafschaft Argyll. Die Straße erreicht bei **Lochgilphead** eine bunte und lebhafte Marktstadt, die ein stark besuchtes Zentrum für Landausflüge und für den Segel- und Hochseeangelsport geworden ist.
Der Crinan Channel schneidet hier die beiden weit nach Süden weisenden Halbinseln vom Festland ab. Die Wikingerhäuptlinge, die ihre Schiffe bei Tarbert auf Baumstämmen über Land rollen ließen, hätten es heute also sehr viel bequemer, das meerumtoste Kap des Mull of Kintyre zu vermeiden.

Die neue Bedeutung der Vogelinseln

1955 kam es zu einer Aktion der Royal Navy, die in Europa weithin unbekannt blieb: Ein kleines Kommando landete auf der winzigen Felseninsel Rockall, 400 Kilometer westlich der Hebriden insel Harris. Sie ragt 25 Meter weit aus dem Meer hervor und hat eine Fläche von nicht einmal 1000 Quadratmetern. Am 10. Februar 1972 wurde der Felsen durch Parlamentsakte annektiert und Schottland zugeschlagen; unmittelbar darauf installierte die Navy ein automatisches Leuchtfeuer auf Rockall. Diese Ausdehnung der britischen Hoheitsgewässer erklärt sich durch den Wunsch nach Sicherung der Fischereirechte und des Nordseeöls.
Durch die Annexion von Rockall ist die Saint-Kildas-Gruppe nicht mehr der westlichste Teil Schottlands. Die sieben Vogelinseln, weltgrößtes Reservat für den weißen Seeraben und viele anderen Vogelarten, sind seit 1930 unbewohnt. Die letzten 36 Bewohner wurden damals auf ihren eigenen Wunsch evakuiert und in der Grafschaft Argyll angesiedelt.
1957 machte der 5. Marquess of Bute die Inseln dem National Trust zum Geschenk, der verdienstvollen Vereinigung, der Schottland die Er-

haltung und Restaurierung von Schlössern und charakteristischen Dörfern verdankt. Seitdem sind die Ruinen früherer Wohnstätten aufgenommen worden, und Wissenschaftler bemühen sich um die Aufhellung der Frühgeschichte dieser seit Jahrtausenden bewohnten Inseln, deren Hauptinsel Hirta heißt.
Die Ölfunde in der Nordsee und der Streit um Fangrechte haben auch dem kleinsten Riff neue Bedeutung verliehen, und vielleicht wird es eines Tages ein Marquess von Bute bitter bereuen, die unscheinbaren Eilande großzügig verschenkt zu haben.

Die Clyde-Mündung

Östlich von Knapdale und Loch Fyne beginnt ein Gewirr von breiten und schmalen Fjorden, das man als das Hauptausflugsgebiet der lebhaften Großstadt Glasgow bezeichnen kann. Der Tourist trifft hier im Sommer auf Tausende von Ausflüglern, die jeden Winkel kennen.
Aus den vielen Ortschaften greifen wir drei Erholungsorte heraus: **Tighnabruaich**, am Südende einer Straße aus den Highlands gelegen, ist ein guter Ausgangspunkt für Waldwanderungen, Wildbeobachtungen auf ausgeschilderten Wild Trails und Segeltouren. Das Klima ist so mild, daß sogar subtropische Pflanzen wachsen.
Rothesay liegt auf der Insel Bute, hat nur 7000 Einwohner, ist aber an den Wochenenden sehr überlaufen. Das *Schloß* ist eines der berühmtesten und historisch interessantesten von Schottland, denn es stammt aus der Wikingerzeit (1098) und wurde im 13. Jahrhundert mit einer zehn Meter hohen Mauer und vier dicken Türmen versehen, zu deren Füßen ein Burggraben liegt. Jakob IV. machte Rothesay zum Stützpunkt seiner Bemühungen um die westlichen Inseln und lernte Gälisch, das damals noch als die Sprache der Wilden galt. Der Prince of Wales führt bis heute als höchsten seiner schottischen Titel den eines Duke of Rothesay.
Sitz der Highstewards war seit dem 11. Jahrhundert **Dunoon** mit seinem *Schloß* am Ufer des Clyde. Erst nach dem Aufstieg der Stuarts zur Königswürde gelangte es in die Hände des Campbell-Clans. Am Fuß des Burghügels steht die *Statue von Highland Mary* zu Ehren der Geliebten von Robert Burns, Mary Campbell, die auf einer Farm nahe Dunoon geboren wurde. Der schottische Dichter hatte sich in das Milchmädchen verliebt, es war beschlossene Sache, daß sie ihn nach Westindien begleiten sollte, doch kurz vor der Heirat starb sie an Typhus. Schon im frühen 19. Jahrhundert erbauten sich hier Glasgower schmucke Villen, und heute wird Dunoon nicht nur zu den World Highland Dancing Championships oder am Tag des Thousand Piper Marches (dem großen Dudelsackfest) von Gourock aus gern besucht.

Italienische Kriegsgefangene erbauten im Zweiten Weltkrieg auf der Orkney-Insel Mainland die »Italian Chapel«.

Die nördlichen Inseln

Wer hier die letzten unberührten Gebiete entdecken will, wird ein wenig enttäuscht über die ausgezeichneten Straßen und die guten Hotels sein. Bald wird er aber die besonderen Vorzüge dieser in 70 große und kleine Inseln aufgespaltenen Gruppe, ihre spröde Schönheit mit weiten Grasflächen, hohen Klippen und einer einzigartigen Vogelwelt entdecken.

Die Orkneys

Zu diesen Attraktionen hat sich in den vergangenen dreißig Jahren noch die Möglichkeit gesellt, neben den Menhiren und Dolmen auch steinzeitliche Wohnstätten besichtigen zu können. *Skara Brae* im Westen der Hauptinsel Mainland zeigt uns zehn Behausungen, die aus einem Raum bestehen und sich unter Dünen jahrtausendelang ausgezeichnet erhalten haben und hier auch den Wikingern verborgen blieben. Entstanden sind sie im 2. Jahrtausend v. Chr., erst eine Sturmflut im Jahr 1866 spülte sie wieder frei. Obwohl Einzelstücke an das National Museum of Antiquities in Edinburgh abgegeben wurden, läßt sich das im wahrsten Sinn des Wortes steinzeitliche Leben der frühen Bewohner noch verfolgen: Selbst die Betten waren aus Stein, und die Häuser waren wegen des Windes und der Kälte durch Gänge verbunden.
Auf **Hoy**, der zweitgrößten Insel, ist ein aus dem Felsen gehauenes *Kammergrab* zu sehen (Die Schätzungen über das Alter schwanken zwischen 3000 und 1900 v. Chr.) und natürlich der seit alters berühmte *Old Man of Hoy*, scherzhaft der erste Einwohner der Orkneys genannt, eine über 100 Meter hohe Sandsteinnadel auf Basaltgrund, eine Herausforderung an Sportkletterer wie auch die Klippen von Saint John's Head.
Obwohl der Tourismus immer mehr Inseln erfaßt (26 von 70 sind bewohnt), bleibt die Hauptattraktion doch die Stadt **Kirkwall** mit der *Sankt-Magnus-Kathedrale*, zugleich die Pforte zur nordischen Vergangenheit der Orkneys, auf

Der berühmteste Steinkreis nach Stonehenge ist der Ring of Brodgar auf den Orkney-Inseln.

denen typisch Schottisches eben darum meist fehlt. Zu fern für Cromwells Zerstörungszüge und den raublustigen Wikingern heilig, hat sich St. Magnus über die Jahrhunderte gerettet, das 1137 von Jarl Rognvald zum Gedenken des 1117 erschlagenen Märtyrers begründet wurde. Im Lauf der 300 Jahre dauernden Bauzeit scheinen auch Baumeister aus Northumberland und vielleicht sogar aus der Normandie an den gewaltigen Bau mitgewirkt zu haben – vielleicht nicht ganz freiwillig. Uralte Gräber und die Gebeine des angeblich vom eigenen heidnischen Vater erschlagenen Magnus fanden in der Kathedrale ihre letzte Ruhestätte. Der nahe *Bischofspalast* stammt ebenfalls aus dem 12. Jahrhundert.

Beinahe alle Inseln rund um Schottland hatten in früheren Zeiten mehr Einwohner als heute. Zur Wikingerzeit sollen auf den Orkneys mehr als 20 000 Menschen gelebt haben, die Zahlen gingen bis auf 7000 zurück, vor 100 Jahren waren es mehr als 30 000, heute sind es 18 000. Von den Abgewanderte kehrten viele immer wieder auf ihre Heimatinseln zurück. Der Dichter und Kafka-Übersetzer Edwin Muir (1887–1959) kam auf einer Farm auf Mainland zur Welt und lebte später auf der Orkney-Insel Wyre, wo immerhin das älteste aus Stein gebaute Schloß Schottlands steht und eine Kapelle aus dem 12. Jahrhundert.

Das große Eiland Arran nahe Glasgow ist die Heimat der Brüder Macmillan, die 1844 als Verleger zu arbeiten begannen und das bis heute in der ganzen Welt bekannte traditionsreiche Verlagsunternehmen gründeten.

Die Shetlands

Diese 100 Inseln der Fischer, Ponies und zahllosen Schafe sind nicht mehr das Ende der Welt, als das sie lange Zeit galten. Die 17 bewohnten Inseln haben ebenso viele Einwohner wie die flächenmäßig größeren Orkneys.

Die Eiszeit hat tiefe Fjorde in das vulkanische Gestein der Insel geschnitten, so daß die Landschaft manchmal an Norwegen erinnert. Die Klippen sind ideale Brutgebiete für Tausende von Seevögeln, darunter Papageientaucher und Tölpel, und auch Lebensraum für Robben. Mit etwas Glück kann man sogar den scheuen Fischotter zu Gesicht bekommen.

Einen Wandel der geruhsamen Lebensweise der Bewohner brachte zwar das Öl – Europas größter Ölterminal ist *»Sullom Voe«* im Norden der Inseln; hier werden jede Woche bis zu einer Million Tonnen des Nordseeöls verschifft –, aber die Shetlandbewohner sind durch die Entwicklungen auf anderen Kontinenten gewarnt und drosseln den Boom so weit, daß die Substanz ihres Inseldaseins erhalten bleibt – es sei denn eine Tankerkatastrophe verschmutzt die Strände.

Zur Römerzeit waren die Shetlands längst bewohnt. Mehr als fünf Dutzend *jungsteinzeitlicher Wohnstätten* sind inzwischen freigelegt worden und annähernd 100 *Brochs*, also mörtellos aufgeschichtete Steinhäuser. Diese sind aber spätere, von den Pikten errichtete Bauten aus der Vorwikingerzeit, die für die Shetlands um 800 begann und im Jahr 1469 endete, als Margarete von Dänemark mit Jakob III. von Schottland verheiratet wurde und die Inseln bei der Eheschließung als Mitgift bekam.

Wie ein Freilichtmuseum wirken der *Broch of Clickhimin*, ein halb verfallener Wehrturm aus der Zeit um 700 v. Chr., auf Mainland und der besser erhaltene 15 Meter hohe *Broch* auf der Insel Mousa.

Die erst im 17. Jahrhundert entstandene Hauptstadt **Lerwick** erinnert an norwegische Hafenorte, die schmalen Gassen winden sich kreuz und quer hindurch. Das Leben am Hafen ist geschäftig, denn trotz Öl bleiben die 140 Fischerboote die Lebensgrundlage. Schottland oder gar Großbritannien haben es in 500 Jahren nicht geschafft, die Shetlands wirklich einzubinden, so daß eine für den Touristen reizvolle Mischkultur entstanden ist, in der neue Hotels und der ultramoderne Flughafen freilich besonders störende Fremdkörper sind. Ein kleines Museum, das *Shetland Museum* in Lerwick, erhellt die Entwicklung in 4000 Jahren Inselleben und zeigt Fundstücke der Ausgrabungen.

Im *Croft House Museum* von **Boddam** zeigt man in einem alten Bauernhaus Möbel aus Treibholz und Strandgut.Von Mai bis August kann auf der Insel **Noss**, genau westlich von Lerwick, ein *Nationalpark* besucht werden.

An der nördlichen Spitze von Loch Awe steht die Ruine von Kirchurn Castle, einer Burg aus dem 15. Jahrhundert.

Register

Kursive Ziffern verweisen auf Abbildungen.

Personenregister

Achaius, John, 23
Adam, Robert 124, 127
Adam, William 124
Agricola, Gn. Julius, 15, 121
Alexander III., König 136
Alexander Earl of Buchan 131
Antoninus Pius, Kaiser 16
Arthur (Artus), Keltenfürst 25

Banks, Joseph 137
Beaton, David 18, 125
Beaton, James 23
Boswell, John 13,136
Bothwell, James Hepburn Earl of 122
Brendan, hl., 17
Brude, Piktenkönig 131
Buccleuch, Duke of 122
Burke, William 27
Burns, Robert 17, 19, *25*, 27, *42*, 127, 133
Burrell, William 23
Bute, Marquess of 139

Calvin, Johannes 18, 25
Carlyle, Thomas 19
Carnegie, .Andrew 125f., 135
Charles I. 125, 128
Charles Edward, (Bonnie Prince Charlie) 18, 128, 130, 132, 136
Columba, hl. (Columkille von Neill)17, 23, 26, 131, 137
Cook, James 137
Cromwell, Oliver 25, 123, 125, 128, 139
Cumberland, Herzog 130ff.

Darnley, Henry Lord 18, 25, 122
David I., 17, 25, 121
Defoe, Daniel 122
Dermott, irischer König 137
Donizetti, Gaetano 19
Doyle, Arthur Conan 26
Duncan, schott.König 131
Duthac, hl. 135

Edwin von Northumbrien 24
Elisabeth I., Königin 18,122
Elisabeth II., Königin 126,
Elisabeth, Königinmutter 128

Fontane, Theodor 17, 24
Forbes, William 129
Franz I., franz, König 18
Fraser-Allander Lord 130

Georg III., engl. König 20
Giles, hl. 25
Goethe, Johann W. 13, 19, 32
Groot de, John 17, 134
Guardi, Francesco 12

Hadrian, röm. Kaiser 16, 121
Harold, Earl, the Wicked 134
Heinrich VIII. , engl. König 121, 123, 125
Hogg, James 26
Hume, David 19, 26, 123

Jakob VI., König von Schottland (Jakob I.) 18, 126
JakobVII., König von Schottland (Jakob II.) 18, 133
Jakob III., König von Schottland 140
Jakob IV., König von Schottland 135, 138
Jakob V., König von Schottland 28f.
Jarl Rognvald 139
Johnson, Samuel 13,136

Kant, Immanuel 19
Kaulbach, Wilhelm von 27
Kennedy, Gilbert 127
Kenneth MacAlpine 17, 128
Kentigern, hl. 23
Knox, John 18, 26, 125, 128, 131
Knox, Robert 27

Loth, Piktenkönig 23
Luther, Martin 18

Macbeth 17, 20, 131
Mackintosh, Rennie 22
MacLeod, John Norman 136
Macmillan, Verleger 139
Macpherson, James 19, 32, 130
Magnus, hl. 139
Maxwell, William Sterling 23
Mar, Grafen von 130
Margarete von Dänemark 140
Maria Stuart, Königin von Schottland 17f., 20, 25, 28f., 122, 127
Mendelssohn-Bartholdy, Felix 19, 137
Moore, Henry 28, *38*
Moravia, Richard de 135
Muir, Edwin 139

Ninian, hl., Missionar 17

Ossian, gäl. Sagengestalt 19, 32, 130
Park, Mungo 122
Philipp II., span. König129

Ramsey, Alexander 123
Regulus, hl. 125
Reynolds, Joshua 122
Rizzio, David 18,25
Robert the Bruce 17, 125f.
Robert III., schott. König 23, 132

Schiller, Friedrich 17,19,25
Scott, Walter 19, 25, *27*, *42* 122ff., 128, 136
Scotus, John Duns 124
Shakespeare, William 17,131
Sinclair, Isobel 134
Smith, Adam 20, 125
Smolett, Tobias 26
Stevenson, Robert Louis 26, 124, 127
Stewart, Allan 127
Stoker, Bram 20
Stuart schottische Dynastie 17ff., 125f., 133, 136, 138
Soulis, William Lord of 123
Sutherland, Herzöge von 134f.

Tacitus, Cornelius 16
Thomas of Erceldoune 131

Victoria, engl Königin 20, 130

Wade, George 20, 30, 130ff.,
Wallace, William 126
Watt, James 126
Wilhelm von Oranien 18
Wishart, George 18, 125
Wordsworth, William 17, 27

Zweig, Stefan 17, 25

Orts- und Sachregister

Abbey Craig 126
Aberdeen 127ff., *128*, 130
– Aberdeen Art Gallery 129
– Auld Brig o'Dee 128
– Brig o'Balgownie 128
– Castle-Gate-Markt 128
– Duthie Park 129
– Kirk of St.Nicholas 129
– Marischal College 128
– Mitchell Tower 128
– St. Machar's Cathedral 128
– Town House St. Nicholas 128
– Universität 128
Abbotsford 123
Aboyne 129
Alford 129
Alloway 24f., 24, 127
– Auld Kirk 127
– Robert-Burns-Monument 24, 127
– Robert-Burns-Museum 127
Amerika 17,19ff., 32
Anstruther *61*
Ardvreck Castle 133
Argyll 17, 138
Arran, Insel 127, 136, 139
Australien 19, 134
Auswanderung 13, 19, 32, 126, 128, 134, 137
Aviemore 130
Ayr 127
Ayton Castle 124

Bad Bea 134
Ballantrae 127
– Ardstinchar Castle 127
Ballater 130
Balmoral Castle 20, *72*, 127, 130
Balnakeil 134
Banchory, Kloster 129
Bannockburn 125f.
Beauly, Kloster 132
Ben Nevis 132
Berwick 121
Bettyhill 134
Black-Isle-Halbinsel 132
Blair 130
– Blair Castle 130
Boddam *21*
Bowhill Castle 122
Borders 121ff.
Braemar (Castle) 27, 129f.
– Braemar Gathering 30
»Broch« (Steinhäuser) 15, 140
Brora 134f.
Bronzezeit 13
Bute, Insel 139
– Rothesay 139

Caerlaverock Castle *21*
Cairn O'Mount Paß 129
Caithness 16
Canisbay Church *16*
Cape Wrath 134
Car Almond 29
Carrbridge 130f.
Carlisle 19, 121f.
Cawdor Castle 131
Cheviot Hills 121f.
Christianisierung 16, 25f., 123, 126
Clans 16, 18, 20, 31f., 129f.
Clyde-Firth-Canal 124
Coldstream 124
Craigievar Castle *70*, *129*
Crail *61*
Craigmillar, Burg 28
Crathes Castle *76*, *77*, 129
Cromarty 132
Corsewall Point 127
Crossraguel Abbey 127
Culloden Moor 13, 18, 32, 131f., 134, 136
Culross 29, *62*, *63*
Culzean Castle *34*, 127, *127*
Cumnock 127

Dal Riada, Königreich 17, 32
Dee, Fluß 127ff.
Denkmalschutz 22, 29, 134
Derby 18
Dornoch 135
Dornoch Firth 133
Douglas Castle 127
Dounreay 134
Drum Castle 127
Dryburgh Abbey 121ff., *122f.*
– Scott's View *121*
Dumfries 127
Dunbar 124
Dunbeath *106*, 134
Duncansby Head *110*, 132, 134
Dundee 128
Dunfermline 125
– Abbey 125
– Carnegie Museum 126
Dunnet Head 134
Dunnottar Castle *74f.*, 128
Dunoon (Castle) 139
Dunrobin Castle *33*, 134
Duns 124
– Jim Clark Memorial 124
Dunure Castle 127
Durness 133f.

East Linton 124
– Hailes Castle 124
Edinburgh *10*, *14f.*, 18ff., 24f., 27ff., *46f.*, *49*, *50*, 124f., *129*, 133, 139
– Abbey Strand 25
– Arthur's Seat 24f
– Candlemaker Row 27
– Canongate 25
– Castle Hill*14f.*, 25, 27
– Castle *10*, *14f.*, 24f., *48*
– Deacon Brodie's Tavern 26
– Dublin Street 28
– Grassmarket 27, *50*
– Greyfriar's Kirk 27
– High Street 25f
– Holyrood House 25
– John Knox House 25
– Lawn Market 25
– Museum für Vor- und Frühgeschichte 28
– Museum of Childhood 28
– National Gallery 28
– National-Museum of Antiquities 139
– National Portrait Gallery 28
– Outlook Tower 26, *48*
– Parliament House 26f.
– Picary Place 26

– Pitlochry Festival Theatre 29
– Princes Street 28
– Royal Mile *14*, 25ff.
– Scottish Gallery of Modern Art 28
– Scott's Monument *2*
– St.Giles Cathedral 26
– »Heart of Midlothian« 27
– St. Margaret's Chapel 24
– St. Mary's Cathedral 26
– Universität 19, 27
– »White Heart Inn« 27
– York Street 28
Eilean Donan Castle *132*, 133
Elgin 131
Embo 135
England 13, 16f., 20, 25, 121, 125f., 128
Erdöl 20, 128, 132f.,139f.
Erster Weltkrieg 20, 135
Eyemouth 124

Faraid Head 134
Fast Castle 124
Festivals 28f.
– Carrbridge Festival 30
– Edinburgh Festival 28f.
– Folklorefestivals 32
– Pitlochry Festival 130
– Fringe Festival 29
– Gälisches Musik- und Literaturfestival 32
Fife, Halbinsel 125
Firth of Forth 24, 29, 124ff.
Firth of Tay 128
Floors Castle 123
Fochabers 131
Fort Augustus 20, 133
Fort George 20, 132
Fort William 20, 132f.
Fraser Castle *71*
Fotheringhay, Schloß 17, 122
Frankreich 16, 18f., 23, 25, 125
Frühgeschichte 13, 18ff., 131, 134, 139f.

Gälische Literatur 17, 30, 32
Gälische Sprache 30, 32, 136, 138
Girnigoe Castle *110*, 134
Girvan 127
– Ardmillan House 127
Glamis (Castle) 128
– Kyrkwind Cottages 128
Glasgow 20ff.,30, 124, 138f.
– Art Gallery 22
– Buchanan Street 22
– Friedhof 23
– Glasgow Green Park 24
– Hunterian Art Gallery 22
– Kathedrale 22f., *57*
– Kelvingrove Museum 22
– Kibble Palace 23
– Botanischer Garten *23*
– People's Palace *22*
– Queen's Cross Church 23
– School of Art 23
– Scottish Opera 29
– University 22, *56*
– Willow Tearoom 23
Glasproduktion 134
Glencoe-Tal *86*, *87*, 127
Glenmore National Forest Park *30*, 133
– Suilven, Berg 30
Gourock 138
Grampian Mountains 129f.
Grantown-on-Spey 131
Greenlaw 123f.
Greenrock 126

Hadrianswall 13, 15f., *19*, 121
Hannover, Königshaus 13, 18, 121, 130ff.
Harwick 122
Hebriden, Äußere 13f., 32, 132ff., 136ff.
– Barra 135f
– Benbecula 135
– Eriskay 135
– Lewis *94*, *117*, *118*, 133, *134*, 135f.
– Harris 135f.,*138*, 139
– North Uist 135
– South Uist 135
– Vatersay 136
Hebriden, Innere 13f., 17, 32, 132, 138ff.
– Hinba 17
– Iona 17, 23, *26*, 138f.
– Islay, »Whiskyinsel« 137f.
– Jura 136ff.
– Mull 27, *90*, 137f.
– Duart Castle *27*, 137
– Tobermory 137
– Torosay Castle 137
– Skye 32, *98ff.*, 133, *135*, 136f.
– Dunvegan Castle *135*, 136
– Gälisch-College 32,136
– Kilmuir Skye Croft Museum *94*, 136
– Uig 136
– Staffa *102*, 137
– Fingal's Cave *102*, 137
Helmsdale Castle *27*, 134
Hermitage Castle *20*, 122
Highland Games *68*, *69*, 129f., *132*
Highlands 20, 24, 30, 121ff., 126f., 130ff., 133, 138
»Home Rule« 19f.
Hopetoun House *52f.*
Hume Castle 123
Industrialisierung 20f., 29f.
Inverpolly National Park 133
Inverary Castle *2*, 126, *131*
Inverlochy 133
Inverness 32, 130ff., 133f.
– Museum 131
– Santa Claus Land 130
Inverness Firth 131f.
Irland 14, 16, 20f., 24, 32
Iro-Kelten (Scoten) 15ff.
Island 17

Jakobitenaufstände 18f., 31f., 134
Jedburgh *41*, 122
John O'Groats *17*, 134

Katholizismus 18, 25, 32
Keith 131
Kelso (Abbey) *45*, 123f.
Kelten 14, 32, 123, 125f.,136f.
Kilmarnock 127
– Burns Museum 127
Kingussie 130
– Highland Folk Museum 130
Kintyre 17, 136, 138
– Campbeltown 138
– Mull of Kintyre 138
Kirkcaldy 125
– Links Market 125
– Museum 125
– Ravenscraig Castle 125
Kirkcudbright 127
Knapdale, Halbinsel 138
Kolonien 13, 20f.
Krönungsstein (Stone of Destiny) 128
Kyle of Lochalsh 133
Kylesku 133

Lairg 133, 135
Lauriston Castle 28
Lindisfarne, Kloster 17
Linlithgow Castle 28, 29
Loch an Eilean 130
Loch Assynt 133
Lochgilphead 138
Loch Fleet 135
Loch Fyne 126,*131*, 138
Loch Gary 133
Loch Glencoul 26
– Castle Stalker *28*
Loch Linnhe 127,132,137
Loch Lomond *126*, 126
– Inchmurrin 126
Loch Ness 126, *130*, 131f
Loch Ryan 127
Loch Sunart 132
Lowlands 20, 33, 122

Manderston House 124
Megalithen 14, 131, 134, 139f
Mellerstain House 124
Melrose (Abbey) 25, *45*, 123
Melvich 134
Mingary Castle 132
Missionare 16, 23, 129, 137
Montrose 128

Napoleonische Kriege 134
National Trust 29, 129, 132, 139
Newark Castle 122
Newburgh 129
Newcastle-upon-Tyne 19,121
Newtonmore 130
Nisbet House 124
North Berwick 124
Northumberland National Park 121
Norwegen 14f.
Noss Head 134

Oban, Fährhafen 136f
Oliphant Castle 134
Orkney-Inseln 13, 15, *109*, 134, 139f.
– Ring of Brodgar *113*, 140
– Hoy 137, 139
– Lewis 18
– Mainland 13, 15, 18, 139
– »Italian Chapel« *139*
– Kirkwall 139
– Skara Brae 13, *18*, *112*, 139
– Papa Westray 13
– Rousay 15
– Stroma 134
– Wyre 139

Pennan *80*
Perth 27, 128
– Art Gallery 128
– Atholl Crescent 128
– Palace of Scone 128
– Saint John's Kirk 128
Pikten 14ff.,121, 125, 128f., 131, 133f., 137, 140
Pitlochry 130
Pitmedden Garden 129
Portobello 29

Rannoch Moor *67*, *133*
Reformation18, 23, 25f., 129
Römerzeit 13, 15f., 19, 29, 121f., 124ff., 138, 140
Roslyn Chapel *43*
Ruthven 130

Saint Andrews *41*, 124f.
– Golf Club *64*, *65*, 125
Saint-Kildas-Gruppe 139
Schafzucht *10*, *11*, 32, 134
Scoten (Iro-Kelten) 15f.
Scottish National Party 20f.
Scourie 133
Selkirk 122f.
Shetland-Inseln 15, 134, 140
– Mainland 140
– Sullum Voe 140
– Mousa 140
– Noss, Nationalpark 140
Sinclair Castle *110*, 134
Slains Castle 20, *36*, 129
St. Abb's 124
Stirling Castle *12*, *124*, 125f.
Stonehaven 128
Stranraer 127
Strath Naver 134

Tain 135
Tantallon Castle 124
Tarbert 138
Threave Castle *38*
Thurso (Castle) 134
Tighnabruaich 138
Tobermory 132
Tongue House 134
Tourismus 21f., 124, 133ff.,
Tweed, Fluß 121ff., *121*, 124
Tweed, Stoff *92*, *93*, 135

Unabhängigkeit 19f.
Ullapool *90*, *96f.*, 133,136
Unapool *26*
Urquhart Castle *37*, *130*, 132

Whisky *58f.*, 127, 130f., 135, 138f.
Whitesands (Barn's Ness) 124
Whithorn 17
Wick 27, 133f.
Wikinger 17, 134, 137ff.

Impressum

Titelbild: Erich Spiegelhalter
Karte: Astrid Fischer-Leitl, München
Lektorat: Christa Klus
Layout: H. Leonhard Guha
Umschlaggestaltung: Heinz Kraxenberger, München
Reproduktionen: Lana-Repro, I-Lana
Herstellung: Gabriele Kutscha

Die Deutsche Bibliothek – CIP Einheitsaufnahme
Ein Titeldatensatz für diese Publikation ist bei der Deutschen Bibliothek erhältlich.

Für diese genehmigte Sonderausgabe:

Printed in Spain by Egedsa
ISBN 3-86517-050-1